# えき たの

駅を楽しむ

アート編



伊藤博康 著

創元社

# はじめに

日本には、いま約九千もの駅や路面電車の電停があります。

これほどの数ですから、なかには個性的な駅もあります。仕事がら全国を走り回っていますが、主に鉄道を利用しているので、「これは面白い」「駅舎が素晴らしい」「駅からの景色に感動した」といった記憶を多く持っています。その記憶をまとめたのが本書です。

歴史ある駅舎や趣向を凝らした設計は人の気を惹きますが、造作ない無人駅のその何もなさに心が揺さぶれたり、駅前の佇《たたず》まいやホームからみた光景に感動することもあります。以前はなんとも思わなかった駅なのに、季節が変わったり時を経たりすることでその魅力が見えたこともあります。そんな時に、思わずカメラをとりだして写したためた写真たちです。

パラパラとページをめくっていくだけでも、日本にはキャラの立つ駅がこれほどあるということを感じていただけることでしょう。誰が行っても楽しめる駅もあれば、見方を知ってはじめて「なるほど」と楽しむことができる駅もあります。そんな駅たちを六つに分類することで、楽しみ方の指南書となることを願ってまとめた一冊です。現地に出向いて駅を楽しんでいただけるようにと記した書ですから、写真を大きめに載せるよう編集者にお願いし、本文は簡潔になるように心掛けました。

このなかから、気に入った駅、気になる駅などを見つけて、ぜひ足を運んでみてください。きっと、あなたなりの駅の楽しみ方を見つけられると思います。駅への行きや帰りに、ふらりと見知らぬ駅で降りることもお勧めです。きっと、その駅ならではの個性を楽しむことができると思います。

そんな旅の指南書として、本書を活用していただければ幸いです。


本書のタイトルは、「駅を楽しむ」を略して「えきたの」としました。

鉄道趣味の分野では、古くから夜間撮影のことを「よるたの」と呼んでいます。フィルムの感度が低い時代は、昼に撮影しても、夜の撮影はあきらめていました。しかし、条件の悪い夜間撮影にあえて挑戦して楽しむ人たちもいて、夜にも撮影を楽しむことから「よるたの」と呼んでいました。「駅を楽しむ」という本書の構想を思いついたとき、この「よるたの」を思い出して、これは「えきたの」だなと思ってタイトルにしました。

この書を通じて「駅」に興味をもち、楽しんでくださる方が増えることを期待しています。

鉄道フォーラム代表　伊藤博康

目次

## 第5章 建築美の駅



## 第6章 伝統的建造物の駅

## 第7章 今はなき駅たち……モノクロの世界

【北海道】

㉓ 駅舎を突き抜ける線路：JR 北海道宗谷本線／稚内駅
㉔ 愛の駅……だった：旧北海道ちほく高原鉄道ふるさと銀河線／旧愛冠駅
㉕ 駅前モニュメント「OYAKO」：JR 北海道函館本線／函館駅
㊷ 待合室のない無人駅：JR 北海道札沼線／南下徳富駅
㊸ 十勝岳連峰を望む無人駅：JR 北海道富良野線／鹿討駅
62 駅跡に残る防波堤ドーム：旧稚内桟橋駅
68 連続テレビ小説の駅：JR 北海道留萌本線／恵比島駅
69 映画「ぽっぽや」の駅：JR 北海道根室本線／幾寅駅
76 登川駅：国鉄夕張線（北海道夕張市）

【東北】

⑬ 秋田犬の駅：JR 東日本奥羽本線／大館駅
㉘ 遮光器土偶の駅：JR 東日本五能線／木造駅
㊴ 青空に映える無人駅：由利高原鉄道鳥海山ろく線／吉沢駅
54 借景による夜景が美しい駅：JR 東日本奥羽本線／青森駅
67 茅葺きの駅舎：会津鉄道会津線／湯野上温泉駅
70 町中に残る古の駅：弘南鉄道大鰐線／中央弘前駅
71 昭和な待合室のある駅：津軽鉄道津軽鉄道線／津軽五所川原駅
77 盛田牧場前駅：南部縦貫鉄道（青森県上北郡）
78 岩手石橋駅：岩手開発鉄道日頃市線（岩手県大船渡市）

# 『えきたの』地図索引

・本書で取り上げた駅のおおよその場所を地図上に表しました。図中の丸付き数字は本書のセクション番号に対応しています。
・便宜上、本書で取り上げた路線と JR 線のみを掲載しています。
・掲載順どおりではないため、北海道・東北・関東……と地域ごとにご覧になることをおすすめします。

JR 北海道
JR 東日本
JR 東海
JR 西日本
JR 四国
JR 九州
新幹線
私鉄など
駅
路線

【北陸】
06 恐竜がいる駅：JR 西日本北陸本線／福井駅
72 サブカル人気の一翼を担う駅：のと鉄道七尾線／西岸駅
32 義経号がいる駅：JR 西日本小浜線／若狭本郷駅

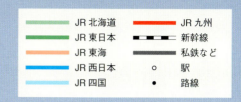

**東海】**

0 たぬきのいる駅４：大井川鐵道大井川本線／神尾駅
4 忍者のいる駅：伊賀鉄道伊賀線／伊賀神戸駅･上野市駅
6 鬼面の駅：JR 東海飯田線／東栄駅
3 蒸気機関車の駅２：三岐鉄道三岐線／西藤原駅
1 湖上に浮かぶ駅：大井川鐵道井川線／奥大井湖上駅
3 日本夜景遺産の駅：岳南電車岳南線／吉原駅ほか
8 疑似東京駅２：JR 東海飯田線／大嵐駅
1 三保駅：国鉄清水港線（静岡県静岡市）
9 美濃福岡駅：北恵那鉄道北恵那鉄道線（岐阜県中津川市）

**【甲信越】**

19 りんごの駅：JR 東海飯田線／飯田駅
22 ＵＦＯの駅？：北越急行ほくほく線・くびき駅
30 ディーゼルカーの駅：JR 西日本北陸新幹線／糸魚川駅
44 日本三大車窓の駅：JR 東日本篠ノ井線／姨捨駅
63 お洒落な待合室のある駅：富士急行大月線／下吉田駅
79 県庁前駅：新潟交通軌道線（新潟県新潟市）

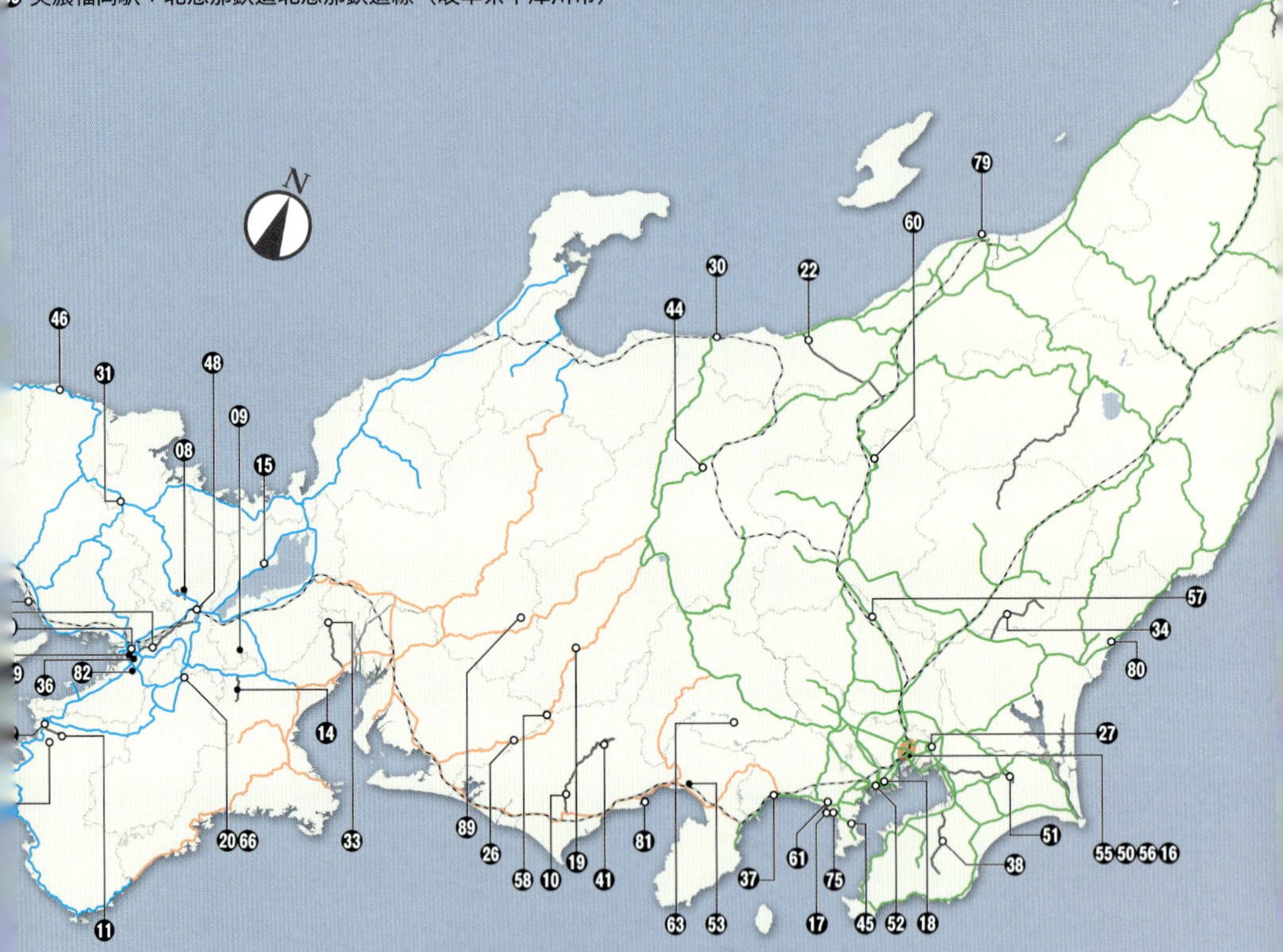


**関東】**

アーティスティックな日本初の駅：旧新橋停車場
竜宮城の駅：小田急電鉄江ノ島線／片瀬江ノ島駅
3 音符のある駅：京浜急行電鉄大師線／港町駅
7 "フーテンの寅さん" の駅：京成電鉄金町線／柴又駅
4 蒸気機関車の駅１：真岡鐵道真岡線／真岡駅
7 新幹線０系のモニュメント：JR 東日本東海道本線／鴨宮駅
木と一体化した駅名標：小湊鉄道小湊鉄道線／上総川間駅
5 レンガ積みトンネルがある駅：JR 東日本横須賀線／田浦駅
0 都心で歴史を感じる駅跡：JR 東日本中央本線／万世橋駅
1 栄光の跡が暗闇に包まれている駅：京成電鉄東成田線／東成田駅
2 昭和を今も伝える駅：JR 東日本鶴見線／国道駅

55 アールデコ調の駅舎：東武鉄道スカイツリーライン／浅草駅
56 重要文化財の現役駅：JR 東日本東北新幹線ほか／東京駅（丸の内駅舎）
57 疑似東京駅１：JR 東日本高崎線／深谷駅
60 彼方が霞む地下階段がある駅：JR 東日本上越線／土合駅
61 ドーム型屋根がお洒落な駅：江ノ島電鉄江ノ島電鉄線／藤沢駅
75 丸ポストのある駅：江ノ島電鉄江ノ島電鉄線／極楽寺駅
80 大甕駅：日立電鉄日立電鉄線（茨城県日立市）

【関西】

08 たぬきのいる駅２：嵯峨野観光鉄道嵯峨野観光線／トロッコ保津峡駅・トロッコ亀岡駅
09 たぬきのいる駅３：信楽高原鐵道信楽線／信楽駅·勅旨駅
11 猫の駅：和歌山電鐵貴志川線／貴志駅
12 猫がホームへと誘う駅：JR 西日本紀勢本線／和歌山駅
15 ガリバーの駅：JR 西日本湖西線／近江高島駅
20「青丹よし」の駅：JR 西日本関西本線／奈良駅
31 駅前に転車台がある駅：JR 西日本山陰本線／福知山駅
36 高架沿いに電車がある駅：JR 西日本大阪環状線／玉造駅・寺田町駅
46 日本一のトレッスル橋を残す駅：JR 西日本山陰本線／餘部駅
47 大木が突き抜ける駅：京阪電気鉄道京阪本線／萱島駅
48 大階段が天に昇る駅：JR 西日本東海道本線／京都駅
49 立体空間の駅：JR 西日本東海道本線ほか／大阪駅
59 シャンデリアのある地下鉄駅：大阪市交通局御堂筋線／梅田駅～心斎橋駅
66 曳家工法で残した駅：JR 西日本関西本線／旧奈良駅
82 飛田電停：南海電気鉄道平野線（大阪府大阪市）
83 北山駅：野上電気鉄道野上線（和歌山県海南市）
84 別府港駅：別府鉄道野口線／土山線（兵庫県加古川市）

【中国】

02 妖怪がいる駅：JR 西日本境線／米子駅～境港駅
03 かっぱの駅１：JR 西日本津山線／弓削駅
05 亀の形をした駅：JR 西日本津山線／亀甲駅
21 アート作家が手がけた駅：JR 西日本宇野線／宇野駅
35 銀河鉄道 999 ？の駅：JR 西日本山陰本線／米子駅
65 重要文化財の保存駅舎：旧 JR 西日本大社線／旧大社駅
73 かつての幹線駅を保存する駅：JR 西日本岩徳線／西岩国駅
85 琴海駅：下津井電鉄下津井線（岡山県倉敷市）

【九州】

04 かっぱの駅２：JR 九州久大本線／田主丸駅
07 たぬきのいる駅１：熊本市電上熊本線／洗馬橋電停
74 石炭の時代を記憶する駅：JR 九州鹿児島本線／鳥栖駅
86 室木駅：国鉄室木線（福岡県鞍手郡）
87 菊池駅：熊本電気鉄道菊池線（熊本県菊池市）
88 加世田駅：鹿児島交通枕崎線（鹿児島県南さつま市）

【四国】

01 駅ごとにキャラクター：土佐くろしお鉄道ごめん・なはり線／後免駅～奈半利駅
29 らぶらぶベンチがある駅：JR 四国予土線／江川崎駅
40 夕陽を眺める駅：JR 四国予讃線／下灘駅
64 トラス橋内の駅：JR 四国土讃線／土佐北

第1章

# キャラクターのいる駅

# 後免《ごめん》駅〜奈半利《なはり》駅

●土佐くろしお鉄道ごめん・なはり線
●高知県南国市、香南市、安芸郡、安芸市

ここは、高知県にある後免《ごめん》駅のホームだ。

石碑はいきなり「ごめんごめんごめんごめん」ではじまっているが、これは故やなせたかし氏による「ごめん駅でごめん」の唄だ。その上にいるのは「ごめんえきお君」で、右下にはアンパンマンの石像も見られる。これらすべてが、やなせ氏の作品だ。

やなせ氏は、この後免駅近くの小学校に通っていたという。その縁で、土佐くろしお鉄道はごめん・なはり線（正式線名は阿佐線）が開業した一九八八（昭和六三）年から、やなせ氏の手による個性豊かなキャラクターを各駅に配置して、駅愛称名とともに活用している。

後免駅の次は御免町駅で、キャラクターは「ごめんまちこさん」、愛称は「ありがとう駅」といった具合だ。「ごめん駅」の隣だから「ありがとう駅」とは、いかにも、やなせ氏らしい命名だ。

これらキャラクターを一堂に展示しているのが、ごめん駅から五つ目の「あかおか駅」だ。高架駅のホームや駅前には「あかおか えきんさん」という、幕末の同地に住んでいたという絵師をモデルにしたキャラクターがいる。その高架下に広場があり、ここに先述の「ごめんえきお君」から、終点・奈半利駅の「なはりこちゃん」までの全二〇体が一堂に会しているのだ。一見の価値あり！

GOMEN
ごめん駅でごめん　やなせたかし
ごめんごめんごめん
ごめん駅へ行こう
電車が着くたびに
ごめんごめんごめん
ごめん駅でみんな
ごめんごめんごめん
私もあなたも
ごめんごめんごめん
ごめんごめんごめん
言いそびれた言葉
ごめんごめんごめん
ごめん駅でごめん
ごめんごめんごめん
ごめんねごめんね
ごめんごめんごめん

起点の後免駅にある石碑。「ごめん」が一体いくつ書いてあるのか……

あかおか駅の高架下にある、
キャラクター全20体

# 米子《よなご》駅～境港《さかいみなと》駅

●JR西日本境線
●鳥取県米子市・境港市

ホームを歩くと、そこには奇妙な光景が展開されている。濃緑の不自然な形の柱には、「ねずみ男駅」と書いてある。驚いて見直すと、そこには『ゲゲゲの鬼太郎』にでてくる「ねずみ男」が彫り込まれているではないか。ということは、「鬼太郎も?」と思ったら、そのすぐ先に、なぜか幟《のぼり》を持って立っていた。その幟には「妖怪の国へようこそ」とある。

ここは、米子駅0番ホーム。（霊番ホームと呼んだ方がいいのか?）

ホームに止まる車両は、「鬼太郎列車」と呼ばれるラッピング車両で、外装だけでなく、車内にも車両ごとに『ゲゲゲの鬼太郎』に登場する妖怪たちがいる。鬼太郎、ねずみ男、ねこ娘、目玉おやじ、こなきじじい、砂かけばばあの六両があり、日と時間によってどの車両がやってくるかが変わる。

山陰本線米子駅から分岐する境線の終点・境港《さかいみなと》駅は、『ゲゲゲの鬼太郎』作者として知られる故水木しげる氏の出身地なのだ。境線には米子駅も含めて一六駅あるが、各駅に愛称として妖怪名がついている。前述のとおり米子駅が「ねずみ男駅」で、終点の境港駅は「鬼太郎駅」という具合だ。

境港駅前には妖怪のブロンズ像があり、その先には観光地として有名になった水木しげるロードが続く。その約八〇〇メートルのあいだに、一七一体もの妖怪像が建てられている。それでもまだ増殖中で、完成は二〇一八年八月という。

米子駅からスタートした妖怪の国への旅は、終点・境港駅からの水木しげるロードを経て完結するのだ。

米子駅の0番ホーム中ほどは妖怪だらけ

境港駅前では、妖怪が竹馬で遊んでいる。この先から「水木しげるロード」がはじまる

# 弓削《ゆげ》駅

●JR西日本津山線
●岡山県久米郡久米南町

駅前広場でメルヘンチックな光景を醸《かも》し出しているのは、かっぱだ。なぜか羽をもち、右側のかっぱは柔和な表情で竪《たて》琴《ごと》を持っている。

ここ弓削《ゆげ》駅は、岡山駅から津山線で約四〇キロのところにある、久米郡久米南《くめなん》町《ちょう》の中心地。戦後、町民の提案によってはじまった川柳が広まり、引き継がれ、いまや川柳の町となっている。一方、弓削の地名にある「弓」から、弓を射るキューピットによって将来を担う子供が増えるようにと願い、その正体はかっぱというマスコットキャラクター「カッピー」が一九九五（平成七）年に生まれた。

この二つから、久米南町は「川柳とエンゼルの里・久米南」をキャッチフレーズとしている。だから、かっぱでありながら、キューピットの羽がついているのだ。

駅前はもちろん駅の中にもかっぱがいて、駅舎内の川柳投句箱の横にもかっぱがいる。なごませてもらったかっぱに敬意を表して、ここで一句と思ったが、その一句が思い浮かばない。そこで気がついた。自分には川柳の才能がないようだ。

愛らしい表情の「カッピー」。弓削駅の内外に多くいる

久米南町の「カッピー」には、カッパながらキューピットの羽が生えている

# 田主丸《たぬしまる》駅

●JR九州久大本線
●福岡県久留米市

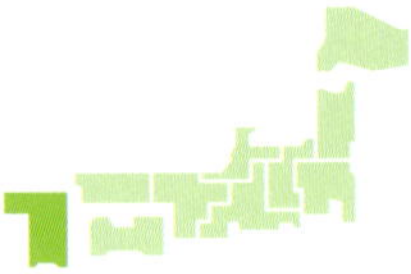

こちらも、かっぱ。今度は、建物全体が顔になっている。

ここは福岡県久留米市にある田主丸《たぬしまる》駅。変わった駅名だが、地名から来たものだ。近くには五郎丸という西鉄の駅もあるように、丸がつく地名が多い一帯だ。古くからの集落で、水の便が良かった地域であることが想像できる。

そのような地形だけに、筑後川の少し南を流れる支流・巨瀬川《こせがわ》とその北に流れるひばり川がかっぱ伝説で知られている。一帯では、かっぱの石碑や石像などが多く見られるのだ。その最寄り駅として、駅舎をかっぱの形にしたという。

写真の顔の部分は「田主丸ふるさと会館」という、久留米観光コンベンションや特産品展示場、河童《かっぱ》史料室などが入る建物だ。その右側に長いかっぱの胴体があり、そこが田主丸駅となっている。かっぱが寝そべっている姿をデザインした建物というが、建物の前の木が大きくなり、いまは建物全体の様子が分かりにくい。

なにか言いたそうで、
愛嬌のあるかっぱの顔

05

# 亀の形をした駅

## 亀甲駅《かめのこう》

●JR西日本津山線
●岡山県津久米郡

この駅舎は、最初どうみたら良いのか迷った。

左端に黄色い頭があるので、なにかの動物かと思い至ってはじめて亀と気付いた。屋根が甲羅で、建物が胴体となっているのだ。よく見ると、玄関の左右にも亀の像がある。

ここは、岡山県の亀甲駅《かめのこう》。駅近くに亀甲岩と呼ばれる、亀の甲羅《こうら》に似た岩があり、弘法大師の尊像を乗せてせり上がったとの言い伝えがある。この地域のシンボルなのだが、地名に亀甲はなく、駅近くにあるのは美咲町役場だ。旭町・柵原町との合併前も中央町という町名だった。

その中央町時代に、町長自らが図面を引いて造った駅舎だという。

駅舎内には亀の置物を陳列した棚があり、亀にちなんだ街おこしを目論《もくろ》んだことが伝わってくる。しかし、いまではこの地から広まった「たまごかけごはん」が有名になった。たまごかけごはんの大ブレークを仕掛けた店の名は「食堂かめっち」。やはり亀にこだわっているようだ。

目玉は時計になっている。蝶ネクタイを締めているところがちょっと可愛い

左端の黄色い頭をみて、亀の形と気付く亀甲駅

06

# 恐竜がいる駅

## 福井駅

●ＪＲ西日本北陸本線
●福井県福井市

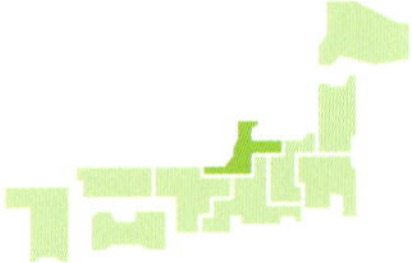

ＪＲ福井駅前に恐竜が出現！

そんなリアルな場面が見られるのが、ここＪＲ福井駅西口の「恐竜広場」だ。福井駅舎が北陸新幹線対応のために建て替えられるのを機に、駅前も整備した。二〇一六年（平成二八）三月に完成したもので、なんと首は動くし鳴き声も出る代物だ。

広場にいる恐竜は、フクイラプトル、フクイサウルス、フクイティタンという、いずれも福井県にかつて生息していた恐竜で、しかも実物大だそうだ。これが、毎日九時から二一時までのあいだ動き続け、さらにその間の三十分ごとに特別な動きまでするのだ。日没頃から二一時までは、ライトアップもされている。

全長約10m、高さは最高約６ｍというフクイティタンは迫力十分

福井駅壁面イラストとモニュメントを一緒に見ると、かなりリアル！

その恐竜たちの背後にあるＪＲ福井駅の壁面には、恐竜五種類を含む当時の生物十種類のイラストが描かれている。イラストのなかには、恐竜が飛び出して見えるトリックアートがあって、これまたリアルだ。

恐竜広場には、実物大という足跡化石の複製があって、これも見逃せない。

福井駅に行ったら、ぜひ駅西口で過ごす時間も作っておきたい。

フクイサウルス（奥）とフクイラプトル（左）が決闘しているかのようなシーン

# 洗《せん》馬《ば》橋《ばし》電停

●熊本市電上熊本線
●熊本県熊本市

拳《こぶし》を振り上げた親たぬき、その手を握る子だぬきは手まりを持っている。親子だぬきの右側には「肥後てまり唄 顕彰会」の解説板がある。

「肥後てまり唄」は、「あんたがたどこさ」ではじまる童謡だ。この歌がいったいいつ何処《どこ》でできたものかは、はっきりしていないようだが、肥後、つまり熊本に関する歌であることは間違いないだろう。

その歌詞には「せんばやまには たぬきがおってさ」とあるが、肥後を代表する熊本城の南に「洗馬橋」という熊本市電の電停がある。すぐ北側が熊本城の石垣で、山のようになっているので、ここが船場山だったとする説がある。そこで、洗馬橋電停の隣接地に、このたぬきの像が建っているのだ。

ちなみに、市電が洗馬橋電停に近付くと、「肥後てまり唄」がスピーカーから聞こえてくる。

ひとびとが寝静まった頃、子だぬきが唄にあわせて手まりをついているかも

# トロッコ保津峡《ほづきょう》駅 トロッコ亀岡駅

●嵯峨野観光鉄道嵯峨野観光線
●京都府京都市・亀岡市

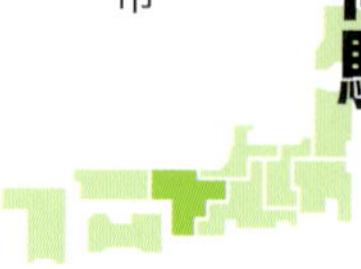

日本人は、古来たぬきと身近に暮らしてきたことから、たぬきに関する言い伝えは少なくない。「しょうじょうじのたぬきばやし（証城寺の狸囃子）」といった童謡や、「狸寝入り」「捕らぬ狸の皮算用」などの諺《ことわざ》になるくらいだ。狐とともに〝化かす〟イメージもあるが、縁起物としてたぬきの置物を飾る習慣もある。

駅の名物になっているたぬきの置物は、もちろん縁起物だ。

＊＊

背の高さ順にたぬきが一列に並んでいるのは、京都北西部を流れる保津川沿いを走る嵯峨野《さがの》観光鉄道のトロッコ保津峡駅ホーム上だ。

この駅はもと山陰本線にあり、保津峡の渓谷美が見られる区間として知られていた。しかし単線非電化だったため、複線電化するに際してトンネルで一気に抜ける新線を建設し、旧線は廃止となった。

ちょうど、国鉄分割民営化の時期だったので、ＪＲ西日本は新規事業として嵯峨野観光鉄道を立ち上げて、山陰本線の廃線跡をトロッコ列車が走る観光路線にしたのだ。これが人気で、いまも原則として水曜日と冬季が運休でありながらも黒字経営を続けている。

特に人気なのは、京都北西部の人気エリアである嵯峨野の一角にあるトロッコ嵯峨駅からの乗車。トロッコ亀岡駅まで渓谷美を楽しみながら保津川をさかのぼり、復路として保津川下りという豪快な船下りを楽しむコースだ。

その終点側のトロッコ亀岡駅にも、たぬきがいっぱいいる。ちょっと首をかしげたたぬきたちは、愛嬌いっぱいだ。

この駅には、たぬきが「他を抜く」の意として、商売繁盛を願って伝統的に飾られてきたとの解説がある。しかし、この解説は日本語だけなので、近年激増した訪日外国人が理解しているのかどうか……？

保津川を背に整列し、列車を見送るトロッコ保津峡駅のたぬきたち

ちょっと首をかしげた愛嬌あるたぬきたちがいるトロッコ亀岡駅

# 信楽《しがらき》駅 勅旨《ちょくし》駅

●信楽高原鐵道信楽線
●滋賀県甲賀市

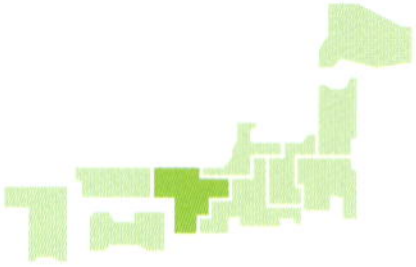

たぬきの置物といえば、信楽《しがらき》焼が定番中の定番だ。その最寄りとなる信楽高原鐵道《てつどう》の信楽駅では、大勢のたぬきが乗客を出迎えている。それも、揃《そろ》ってコスプレ姿だ。筆者が訪れたのは年末近くだったので、サンタクロースのコスプレをしていた。なかには服が脱げてしまった寒そうなたぬきもいるが、それはご愛敬だろう。

信楽駅前には、平屋建ての駅舎の屋根まであるような巨大たぬきがいるし、町中を歩くと、あっちにもこっちにも信楽焼のたぬきという具合だ。

＊＊

同鉄道の他の駅にも、たぬきがいる。勅旨《ちょくし》駅では、「未来へ走る鉄道」の看板を誇示するかのように、たぬきが二匹いた。写真には写っていないが、二匹とも左手には酒徳利《とっくり》を持っている。ちょっと間の抜けたような顔と徳利を見ると、穏やかな未来を予感させてくれる気になるのが不思議だ。

勅旨駅では、
たぬきたちが標語をPR

行儀良く並んで乗客を出迎える、信楽駅のたぬきたち

癒やし系のたぬきたち

さらに穏やかな表情に癒されるのが、玉桂寺前《ぎょくけいじまえ》駅のたぬきたち。この表情を眺めていたら、いつの間にかときが過ぎ、気づいたときには列車が近づく音が聞こえていた。

# 神尾《かみお》駅

●大井川鐵道大井川本線
●静岡県島田市

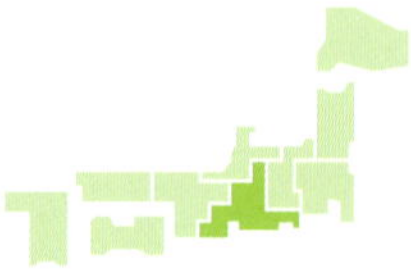

大井川鐵道《てつどう》の神尾駅《かみお》は、同鉄道名物の「SL急行 かわね路号」が通過してしまう。しかし、通過する際に車内放送で、たぬきが出迎えるという案内がある。

ホーム先端にいるたぬきは、ぼぉ～と空を眺めている感じながら、そこそこの大きさだけに存在感がある。ホームの山側には「かみお たぬき村」があり、土砂崩れを防ぐ古枕木の上に多くのたぬきが並んでいる。駅名標に「たぬきの里下車口」と書かれているところも、なかなかユーモラスだ。ちなみに、ホームの先にある待合室や物置のあたりにもたぬきがいるので、途中下車をしても、たぬきめぐりを楽しむことができる。

先ほどの「かみお たぬき村」には、車掌姿のたぬきもいる。制帽をかぶり、車掌かばんを首から提げて、車内放送のマイクを握っている。「御通《おかよい》」と書いた通い帳を持っているところをみると、この鉄道はツケで乗ることができるのかな。でも、お決まりの酒徳利を持っていないのは、さすがに鉄道員！

「かみお たぬき村」にいる車掌さん

ホーム先端にいる、存在感抜群のたぬき。
癒やし系の顔立ち

駅名標の「たぬきの里下車口」案内と「かみお たぬき村」

# 貴《き》志《し》駅

●和歌山電鐵貴志川線
●和歌山県紀の川市

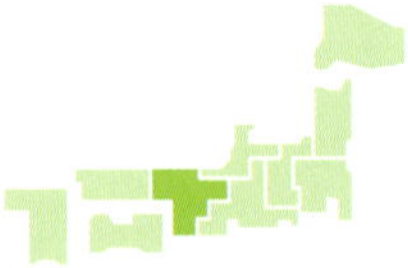

猫の駅長として、日本にとどまらず海外にまで知られるようになった和歌山電《でん》鐵《てつ》のたま駅長は、文字どおり招き猫の大役を果たした。二〇一五（平成二七）年六月に惜しくも他界したものの、その功績は大きく、駅長を務めていた貴《き》志《し》駅は猫の顔をした駅舎となり、タマ二世駅長「ニタマ」が後任として大役を果たしている。

　南海電鉄から経営を引き継いだ頃の和歌山電鐵は、起点の和歌山駅を出ると次第に乗客が減っていき、基幹駅の伊太祈《いだき》曽《そ》駅を過ぎると、ほとんど乗客がいなくなっていた。

ところが、いまでは終点の貴志駅まで乗り通す乗客が平日・休日を問わず大抵の列車に乗車している。目当ては貴志駅の「駅長室」で、かつて閑散としていた駅舎内に、今ではいつでも人がいるようになった。それも、日本語以外の言葉が交わされていることも、決して珍しくなくなっている。

その貴志駅のホームには、祠《ほこら》がある。「いちご」「たま」「おもちゃ」という和歌山電鐵自慢の改造車両の名称がついたものだ。そのうちの「たま」神社は、たまの逝去後に屋根を銅板ぶきに代え、たまの銅像を奉納。「タマ大明神」の幟《のぼり》と石碑も加わっている。

これほど知名度の高い駅長が今後表れるかと考えると、大明神とされることが頷《うなず》けるのである。

貴志駅長室のタマ２世駅長「ニタマ」。上部にたま駅長の遺影も飾られている

猫の顔を模した駅舎となった貴志駅。屋根上には「TAMA」の４文字とともにネコ耳も

たま神社に奉納された、愛嬌たっぷりの「たま大明神」銅像

たま駅長
基金

## 和歌山駅

●ＪＲ西日本紀勢本線
●和歌山県和歌山市

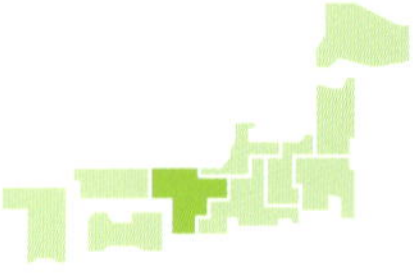

たま駅長でブレークした和歌山電鐵《でんてつ》は、ＪＲ和歌山駅9番のりばから出ている。そのため、ＪＲ和歌山駅の改札口では、猫のイラストで9番のりばを案内している。それも日本語と英語のバイリンガルだ。その掲示には肉球が……と思ったら、下に赤い線が引かれ、床にも肉球が……。

この赤線と肉球を辿《たど》っていけば、9番のりばに辿りつけるという仕組みだ。

＊　＊

途中、地下通路を通るが、その降り口から9番のりばまでは、たま駅長が跳んだり跳ねたりするイラストが、次々に現れる。たま駅長に誘われるがままに進むと、9番のりばへの上り階段には、赤と緑の肉球が描かれている。さらに、階段の壁にはたま駅長のイラストを額に入れて展示してある。

階段を上ったところにある窓口で切符を買い、ホームへと進むと、そこにたま電車が待っていることも……。

このように、終点の貴志駅はもちろんのこと、起点の和歌山駅の改札口から猫が楽しませてくれるのが、和歌山電鐵なのだ。

＊　＊

六編成ある和歌山電鐵の車両のうち、四編成が「いちご」「おもちゃ」「たま」「うめ星」とそれぞれ個性ある改造車となっている。その日のどの列車にどの車両が入るかは、当日9番のりばでもわかるが、事前に和歌山電鐵のホームページで知ることもできる。折角ならば、お目当ての電車に乗るとか、往復で違う電車に乗るような楽しみ方をしたい。

なお、貴志駅にいるタマ二世スーパー駅長「ニタマ」は水・木曜日がお休みとなっている。一方、新たに駅長見習い「よんたま」が登場。途中駅の伊太祈曽《いだきそ》駅で、月・木曜を除く毎日お出迎えをしてくれている。

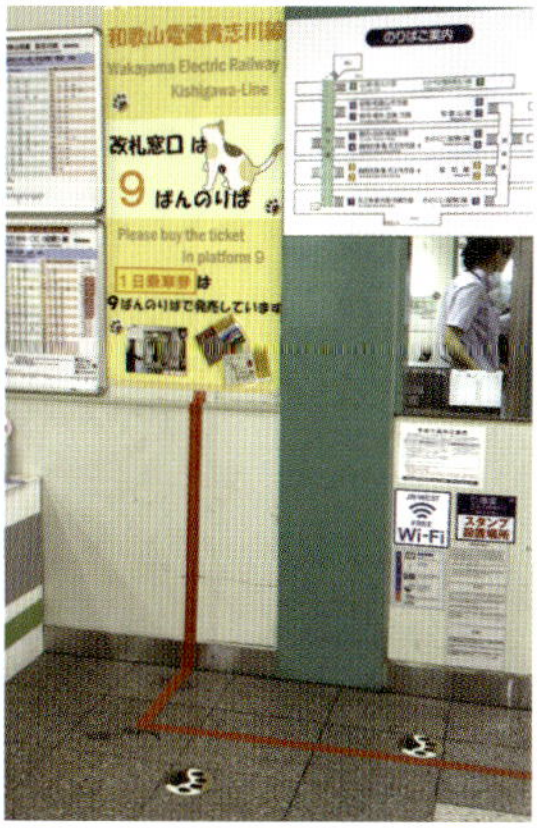


上：９番のりばへと向かう地下通路の壁では、たま駅長が跳んだり跳ねたりして誘導してくれる
右：ＪＲ和歌山駅の改札口には和歌山電鐵の案内掲示があり、肉球による誘導がはじまる
左：９番のりばへ上る階段では、肉球が色付きとなり、壁にはたま駅長のイラストもある

# 大館《おおだて》駅

- JR東日本奥羽本線
- 秋田県大館市

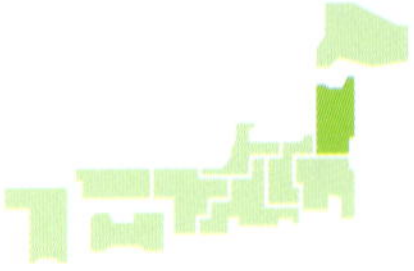

ここ大館は、秋田犬のふるさととして知られ、渋谷に銅像がある忠犬ハチ公の生まれ故郷でもある。その大館駅前にある犬たちの像は「秋田犬《あきたいぬ》の像」として子犬三匹とその両親からなる銅像。その先にいるもう一匹は、「忠犬ハチ公」像だ。

大館市は、この知名度の高い秋田犬に力を入れていて、ホームページでいきなり秋田犬がでてくるだけでなく、観光情報などには秋田犬のイラストが添えられているほどだ。もちろん、大館駅内にある観光案内所には、秋田犬グッズがてんこ盛りだ。ときには本物の秋田犬がきて愛嬌を振りまくこともあったが、二〇一七（平成二九）年八月には駅前に「秋田犬ふれあい処」が誕生した。原則として月・木曜日を除く九時から一五時半まで秋田犬と出会えるようになった。

犬好きであれば、聖地巡礼としてぜひ訪れたい駅だ。

犬たちが見守る視線の先には、大館《おおだて》駅がある。その駅舎の手前には、もう一匹の犬の銅像もある。

大館駅前を見守る「秋田犬の像」。すぐ先には「ハチ公」像もある

ときに駅前で可愛い秋田犬と触れあえたのが進化して
駅前に「秋田犬ふれあい処」が誕生したという

# 伊賀神戸《いがかんべ》駅 上野市駅

●伊賀鉄道伊賀線
●三重県伊賀市

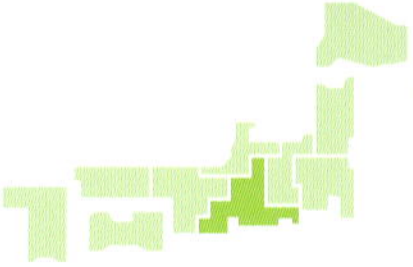

近鉄から伊賀鉄道に乗り換えるとき、何気なくホームの上を見て「ドキッ！」。忍者がいるのだ。

もちろんイミテーションで、生身の人間が入っているわけではない。しかし、なかなかリアルだ。ここは、伊賀鉄道の伊賀神戸《いがかんべ》駅。これから乗る電車は、忍者の里として知られる伊賀上野に向かう。

同駅のほか、伊賀市の中心駅となる上野市駅にも、このような忍者が何人（?）も隠れている。

五編成ある電車のうち三編成は「忍者列車」で、「銀河鉄道999《スリーナイン》」などで知られる漫画家・松本零士氏デザインによるラッピング車となっている。車内も、網棚に忍者が潜んでいたり、カーテンや車内灯が手裏剣柄だったりする。さらに、出入口扉が開閉するたびに忍者が現れたり消えたりするような、なかなか楽しい工夫も見られる。

忍者列車の運転時刻は伊賀鉄道のサイトで公開されているので訪問前に確認し、忍者列車に乗ってその工夫を楽しみたい。

ホーム屋根の支柱に身を潜める忍者は、なかなかリアル

これが忍者列車。左のモ201の右側面には、松本零士氏のサインがある

## 15 ガリバーの駅

# 近江高島駅

●JR西日本湖西線
●滋賀県高島市

ひと目見れば、誰でもガリバーとわかる巨大な像だ。

ここ滋賀県高島市は、ガリバー青少年旅行村という施設を一九八七(昭和六二)年に開村している。未来を担う青少年に夢と冒険心を与える施設として、合併前の高島町が設立したという。その村へのバスが発着する近江高島駅前に、このガリバーメルヘン広場が造られたのだ。

ガリバーが歩き、船の浮かんでいる池は琵琶湖をかたどっている。その先にある塔は、ガリバー青少年旅行村の近くにあって日本の滝百選に選ばれている「八ツ淵の滝」を表現していると説明板にある。しかし、残念ながら今一つピンとこない。

近江高島駅前にあるガリバーメルヘン広場

# 第2章

# 駅のアート

# 旧新橋停車場

●東京都港区

日本の鉄道は、一八七二（明治五）年の新橋〜横浜間開業ではじまる。

　この「新橋」が、実は「汐留《しおどめ》」だったことは意外に知られていない。旧新橋駅は、現新橋駅ができて汐留貨物駅となった。同駅が廃止されて国鉄が分割民営化されると、駅跡を遺跡発掘したうえで汐留シオサイトができた。

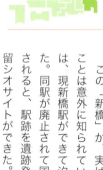

　その遺跡発掘時には、一八七二年に開業したときの駅舎やホーム跡などが確認された。そこで、同じ場所に当時の駅をできるだけ忠実に再現したのが、この旧新橋停車場だ。

　明治政府が、いかに力を入れて造った施設かを感じさせるものだが、とくにホーム側から見たときのシンメトリーな幾

シンメトリーな幾何学模様が美しい旧新橋停車場ホームと本屋

何学模様には惹き付けられる。竣工当時にあった屋根をあえてつけず、柱だけにしたことが、その印象をより高めているようだ。正面玄関側も、やはりシンメトリーな建物が威厳を保っている。

石の文化をとりいれたシンメトリーな建物というと、国会議事堂が思い浮かぶ。その国会議事堂は大正時代に建設が始まり、竣工したのは一九三六（昭和一一）年のことである。それより半世紀以上も前、それも明治政府ができて間もない頃に、これだけの建築美を誇る駅舎と駅ホームが造られたのだ。御雇《おやとい》外国人の手によるものとはいえ、明治維新の歴史的役割とその勢いを感じさせる。

＊＊

ホームの一角にはレールが敷かれ、車止めの先には0マイルポストがある。一八七〇（明治三）年に打ち込まれた場所で、いまは造り替えたものだが、約百五十年を経ても全く同じ場所に位置していることから、鉄道記念物に指定されている。

ちなみに、マイルポストをいまはキロポストと呼ぶ。明治政府はヤードポンド法を採用し、鉄道もその単位であるマイルやインチで建設された。ところが、一九三〇（昭和五）年にのちの国鉄がメートル法を採用したことで、キロポストと呼び名が変わったのだ。

左右対称に造られた駅本屋は、威厳すら感じさせる

ホーム端にある0マイルポスト。まさに、ここが日本の鉄道の起点だった

17

# 竜宮城の駅

## 片瀬江ノ島駅

●小田急電鉄江ノ島線
●神奈川県藤沢市

目にも鮮やかな朱色の建物は、青空をバックに強烈な存在感を示している。各々の屋根の先端にある鴟尾《しび》も、太陽に輝いてまぶしいばかりだ。

　どこかの神社かと見まごうが、これがれっきとした鉄道駅なのだ。それも、湘南きっての観光地・江ノ島の最寄り駅となる、小田急電鉄の片瀬江ノ島駅である。

　これを見て、誰もが「竜宮城」と思ってしまうのは不思議なことだ。竜宮城を見た人はいないはず。でも、当の小田急電鉄も竜宮城をイメージした駅舎と説明していることから、竜宮城で間違いないのだろう。

どう見ても、でもどうしてか、
やっぱりこれは竜宮城だ

　竣工は、一九二九（昭和四）年の江ノ島線開業時ということなので、間もなく築後九〇年になる。それでありながら、古くささを感じない不思議な存在だ。

　しかし、二〇一七（平成二九）年夏になって建て替えの話がにわかに浮上している。駅前の市道拡幅のため、この機会に老朽化している現駅舎を建て替えようというものだ。具体的にどうなるかは未定のようだが、とても気になる動きである。

# 港町駅《みなとちょう》

●京浜急行電鉄大師線
●神奈川県川崎市

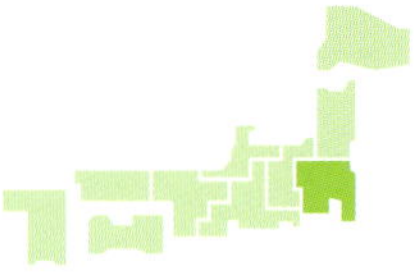

自動改札機を見下ろす位置に音符がある。

ここは京浜急行電鉄大師線の港町《みなとちょう》駅だ。大師線は、起点の川崎駅を出ると多摩川沿いに走り、最初に停車するのがこの駅となる。つまり、港といっても川の港なのだ。

かつて、ここで名曲が生まれた。一九五七（昭和三二）年に昭和を代表する演歌歌手・美空ひばりさんが歌ってヒットした「港町十三番地」がそれだ。当時、日本コロムビアがこの駅北側に川崎工場を構え、レコードを生産していた。同工場は日本のレコード発祥の地ともいわれ、戦前は同駅を「コロムビア前駅」と称していたほどだ。さらに、「港町十三番地」は、この駅界隈をイメージして作られたと言われている。ちなみに、同工場の住所は五番地だったものの、語呂の良さから十三番地にしたという。

そこで、二〇一三（平成二五）年三月二日に京浜急行電鉄・日本コロムビア・川崎市の三者が、名曲「港町十三番地」をイメージさせる駅に改装。音符を跨線橋への階段に取り付けるとともに、ホームには「港町十三番地」のジャケットをイメージした音符と船・カモメのイラストが描かれたのだ。

さらに、南口改札を出たところには、美空ひばりさんの等身大写真と歌碑もある。ボタンを押すと、美空ひばりさんの歌声が流れるようにもなっている。

改札を見下ろす位置にある音符。改札を出た左側に、美空ひばりさんの等身大写真と歌碑がある

左：「港町十三番地」のジャケットをイメージした音符と船・カモメのイラスト

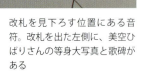

出口(南口)
South Exit
精算機
Fare Adjustment

# 飯田駅

●JR東海飯田線
●長野県飯田市

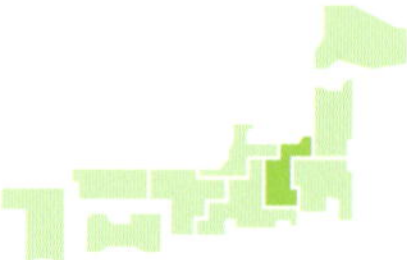

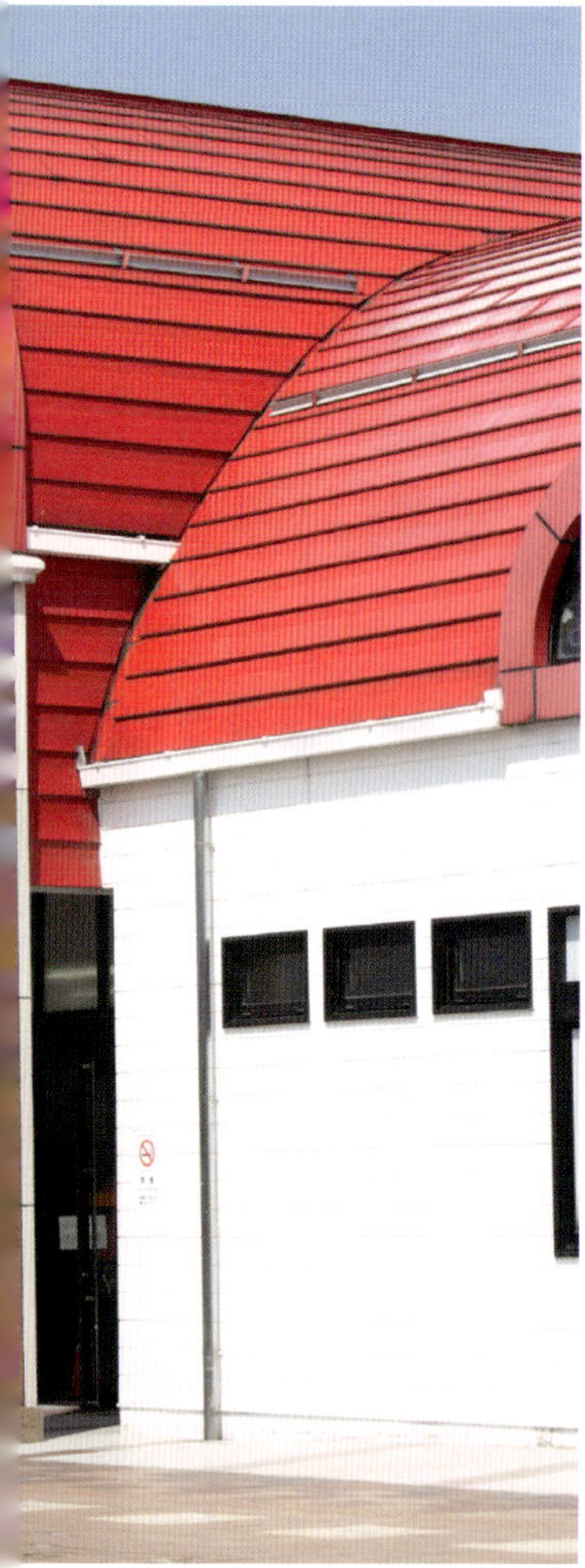

　真っ赤な屋根が印象的な飯田駅。飯田のシンボルである「りんご」をイメージしたデザインとなっている。一九九二（平成四）年にできた駅舎だが、これがなんと新築ではなく改築なのだ。もとは、一九二三（大正一二）年の木造駅舎というから驚く。建造から九〇年以上、改築からでもほぼ四半世紀を経ているとはとても思えないのは、デザインの力だろう。

　ちなみに、「飯田駅」と書いてあるところが駅の出入口で、その奥にある少し小ぶりな出入口は、「結《ゆ》いの駅」と名づけられた飯田駅観光案内所だ。

　モチーフとなった「りんご」は、特産品ではなくシンボルだという。戦後に「飯田の大火」があり、その復興時に町を四分割するように防火帯が造られた。その二本の防火帯のうちの一本を、りんご並木にすることを市立飯田東中学校の生徒たちが提案したという。やがてりんごの木が育ち、並木通りとまで呼ばれるようになった。その間には、実ったりんごが盗まれたり、樹勢が衰えてりんごの収穫量が減ったりしたこともあったというが、その都度地元の人々の熱意に支えられて育ってきたそうだ。

　まさに町の復興のシンボル「りんご」が、この印象的なデザインの駅舎にも活かされているのだ。

　夏に開催される飯田まつりは、別名「飯田りんごん」と呼ばれる市民祭りで、かけ声に合わせて「りんごん」を踊るという。独自の踊りだが、この語源ももちろん飯田の復興の象徴である「りんご」だ。

　飯田にとって、りんごはなくてはならない象徴的アイテムとなっているといえよう。

上：飯田のシンボルである「りんご」をイメージした飯田駅舎

下：出入口上部は、よく見るとりんごの実と枝葉になっている

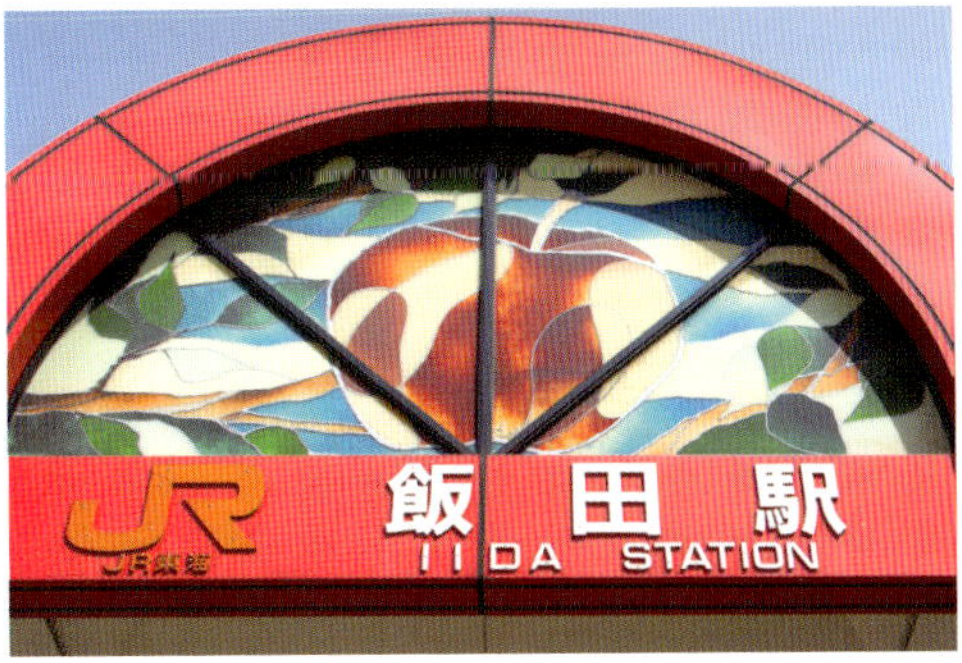

20

# 「青丹よし」の駅

## 奈良駅

●JR西日本関西本線
●奈良県奈良市

なんともカラフルな壁面だが、これはJR奈良駅の西口だ。
　奈良は古都のイメージがあるだけに、予備知識なしで見るとギョッとするが、実はこれも奈良をイメージしたものだ。というのも、古事記にある「あおによし　奈良の都は　咲く華の」の「あおによし」は、「青丹よし」と書いて、青も丹（赤）も良いという意味だという。その奈良らしい「青丹」を現代風に表現したのが、この五色のカーテンウォールなのだ。
　それを知ってから見直すと、赤にしても青にしても派手すぎない落ち着いた色合いを選んでいることが感じられる。なるほどと納得。さらに、カーテンウォール上部にある屋根の支えも、奈良時代の寺院建築を思い起こさせる形をしている。
　決して豪華な駅舎ではない。それどころか、駅舎は高架上をホームとし、高架下に改札と自由通路があるだけといういたってシンプルな造りで、駅上空に駅ビルすらないのだ。その限られた予算内で、奈良を精一杯表現したと考えると、豪快だった二代目駅舎を駅前に曳家《ひきや》工法で残した（参照№66）こととともに、親近感が湧いてくる。

「青丹よし」を表現した五色のカーテンウォール

# 宇野駅

●JR西日本宇野線
●岡山県玉野市

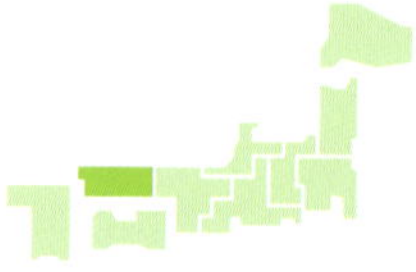

「これが駅？　それも日本の？」と、思わず目が点になるのが、宇野線の終点・宇野駅だ。

かつて宇野駅は、宇高連絡船の本州側接続駅として賑わっていた。

いまも瀬戸内海の島々への船が出る港町だが、その行先は直島《なおしま》をはじめとした、芸術でまちづくりを進めていることで知られる島々だ。

そんな宇野線や宇野駅に対して、JR西日本は二〇一六（平成二八）年の「晴れの国おかやまデスティネーションキャンペーン」を機に、思い切った対応をした。

アート作家エステル・ストッカー氏による駅アートを採用し、さらに同じコンセプトの観光列車「La Malle de Bois（ラ・マル・ド・ボァ）」を、週末中心に走らせはじめたのだ。この列車名は、フランス語で木製の旅行鞄という意味だという。

白を基調として黒い線で表現したその芸術作品は、ご覧の通り日本離れしている。誰が見ても一度で覚えるような特徴あるデザインセンスは、秀逸といって良いであろう。

そのデザインを、まずは宇野線の宇野駅と八浜《はちはま》駅に施し、同年中に常山《つねやま》駅と備前田井駅にも実施した。これらの駅では、ゴミ箱も駅や列車に合わせたデザインになっている。

日本の鉄道駅とはとても思えない大胆なデザインになった宇野駅舎

日本の鉄道駅とはとても思えない大胆なデザインになった宇野駅舎

22

# くびき駅

●北越急行ほくほく線
●新潟県上越市

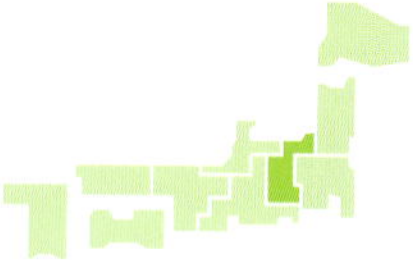

「なにこれ?」と思う造形はみごとだ。一見、UFOかと思ってしまうが、これが駅舎なのだ。

線路は右上にあり、架線柱と架線が写っている。

この奇抜な駅舎について、駅舎内にある説明文には、次のように記してある。

「決して広くない建物にボリューム感を持たせ、従来の駅には無いエネルギーを発信して、その存在をアピールするためのもの」。やはり、奇抜さを求めたようだ。

この写真が外来者向けのデザインで、反対側にある出入口側が地元の人向けということだが、アクセス道路は出入口側にあるので、外来者でもこの造形に気付くのは、わざわざ下車して見に来る筆者のような者だけではないかと、その点は疑問に感じる。

駅舎内は、これまた奇抜だ。壁は大部分が黒色で、出入口側だけ白色。鉄板には朱色をつけ、太陽系をモチーフにしたという模様の中心にある円形には硝子がはめ込まれ、外光が入るようになっている。天井からつり下げられた波板は、浮遊感を持たせるためのものだそうだ。

内部を広く見せる効果が、たしかに感じられる意欲作だ。


UFOの駅?

ボリューム感を持たせるとともに、
奇抜さを狙った駅舎裏面

駅舎内も芸術的で、広く見せることにも成功している

# 稚内《わっかない》駅

●JR北海道宗谷本線
●北海道稚内市

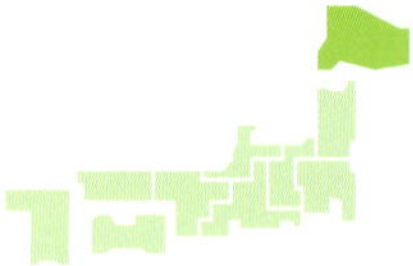

日本最北端の駅として知られる稚内《わっかない》駅。その駅前には「日本最北端の線路」の碑がある。駅の碑ではない、線路の碑だ。

たしかに正面玄関からここまで線路が延びている。しかし、その途中に駅舎があるのはなぜかと、一瞬戸惑ってしまう。でも、そこは心配ご無用だ。実際の線路は駅舎の奥にあり、そこに車止めもある。だから、列車は駅舎の奥までしか来ない。そのうえで、線路〝らしき物〟が改札前を抜けてここまで達しているのだ。

ユーモアセンスのある洒落たモニュメントだなと笑顔で振り返ると、なんと、そこにも線路らしきものが続いていた。でも、こちらはレールを模したモニュメントで、その先一帯は「道の駅わっかない」となっている。

駅前から約四〇〇メートル先の海岸まで「道の駅」となっているが、ここは廃線跡を利用している。かつて、樺太《からふと》（サハリン）への稚泊《ちはく》航路があった時代に、その岸壁まで線路が続いていた、その跡地なのだ。

終戦により廃止された稚泊航路の接続線跡に、このモニュメントがある。それだけに、歴史を知っていると駅前まで線路を延ばした意図にも察しがつき、妙に納得する。

駅舎を突き抜け、駅前広場まで伸びている線路

「道の駅」まで伸びている線路のモニュメント

# 旧愛冠《あいかっぷ》駅

●旧北海道ちほく高原鉄道ふるさと銀座線
●北海道足寄郡

なにやら独特な形をした建物は、国鉄池北線を引き継いだ第三セクター「ちほく高原鉄道」の愛冠《あいかっぷ》駅だった。同鉄道は二〇〇六年四月に廃線となる。

その駅名は愛あるカップルに通じるとして人気となり、駅舎は国鉄時代の建て替え時に、見ての通り愛の冠の形となった。さらに、駅前には「愛の泉」ができ、ウエディングブリッジという名の橋もできた。そこでは、道内の若者の結婚式が二度も行われたという。

＊　＊

線路が剥がされた今も、駅舎もホームも「愛の泉」も残され、近くを通る国道には「愛冠駅」の案内標が建っている。駅舎に立ち入ることはできないものの、窓から覗くと中はきちんと整備されている。駅舎前の枕木でできた階段も整備され、傍らには花壇もできている。

きっと、ひとり、またひとりと、この地を訪れる人が今も絶えないのだろう。

愛の冠の形をした愛冠駅舎。花壇もあって整備されている

ホームは残るが、線路は剥がされ、駅名標もなくなった

# ㉕ 駅前モニュメント「OYAKO」

## 函館駅

● JR北海道函館線
● 北海道函館市

函館駅前の真っ赤なモニュメントを見た瞬間、「単なる造形?」「あれ、クモかな?」と思ったものの、すぐに人の形だとわかった。親が四つん這いになって、同じ格好をした子供を守るような構図だ。工業デザイナー林昌平氏による「OYAKO」という作品で、函館駅建替えに伴う駅前整備に際して、「ふれあい」をテーマに公募した中から選ばれた作品だ。

＊　＊

北海道の玄関が函館駅だったのは、青函連絡船が運航されていた国鉄時代の一九七五年頃までで、その後は次第に航空機の時代になっていった。一九八八年の青函トンネル開業でも人は鉄道に戻らず、北海道の玄関としての函館駅は、その地位を失った。

しかし、いまも函館は道南の観光拠点であり、経済活動の中心だ。函館駅舎建替えの二年後となる二〇〇五(平成一七)年に「OYAKO」が完成し、駅前整備が完成した。北海道新幹線が開業しても、観光地としての人気は相変わらずで、そこにやってくる観光客たちをやさしく見守っている。

函館駅前のシンボルとなっている「OYAKO」

26

# 鬼の面の駅

## 東栄《とうえい》駅

●JR東海飯田線
●愛知県北設楽郡

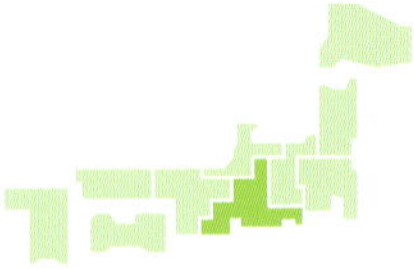

なにやら厳めしい目つきの建物だ。向かって左側に遮断機がなければ、とても駅舎には見えないだろう。

ここ、飯田線の東栄《とうえい》駅は、愛知県と静岡県の県境の愛知県側にある駅だ。飯田線は、愛知県豊橋市から北上し、静岡県を経て長野県の伊那谷に至る一九五・七キロメートルの超大ローカル線だ。その県境区間だけに、深い山の中に位置する。

東栄町は、花祭《はなまつり》という鬼の面をつけて舞う伝統行事で知られている。国の重要無形民俗文化財に指定されている祭りで、農閑期となる十一月から翌年三月にかけて、町内十一ヵ所で夜を徹した舞いが順次行われている。その鬼の面をモチーフにしたのが、この駅舎なのだ。

厳めしい目つきに一瞬たじろぐが、建物内には楽しげな喫茶店がある

駅舎ができてしばらくは、ほぼ待合室としての機能だけだったが、二〇一一（平成二三）年からは「ちゃちゃカフェ」という喫茶店が建物内にオープンしたことで、いまや活気のある駅となっている。

# 柴又駅《しばまた》

●京成電鉄金町線
●東京都葛飾区

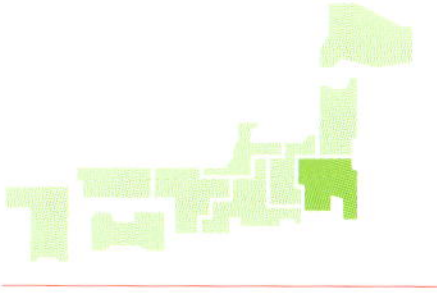

旅の出発前に振り返った姿を再現した「フーテンの寅」像

「葛飾柴又《かつしかしばまた》」といえば、映画「男はつらいよ」の"フーテンの寅さん"を思い浮かべる。

その東京都葛飾区柴又にある京成電鉄の柴又駅前には、「フーテンの寅像」が建っている。一九九九年に帝釈天《たいしゃくてん》門前参道商店街神明会と募金によって建てられたもので、柴又帝釈天こと題経寺への参詣者が次々と記念写真をとる名所となっている。

「フーテンの寅さん」の旅は、この柴又駅からはじまる。その出立の直前、駅前で振り返るとそこには見送りに来た妹の「さくら」がいて、二人が視線を合わせるシーンを再現した像だ。

ところが、視線の先に「さくら」がいないではないか。そこで、葛飾区は二〇一六年度に予算を組み、翌年三月に寅さんの視線の先に「見送るさくら」像を新設した。いかにも「お兄ちゃん体に気をつけてね」とさくらが言い、寅さんが「あゝ」と答えている風に見える。

この「フーテンの寅像」と「見送るさくら」像はさすがに人気で、駅の出てきた乗客たちが歓声を上げては近づき、次々と記念写真を撮っていく。

2017年に新設された「見送るさくら」像。寅さんと目が合っている。

# 木造《きづくり》駅

●JR東日本五能線
●青森県つがる市

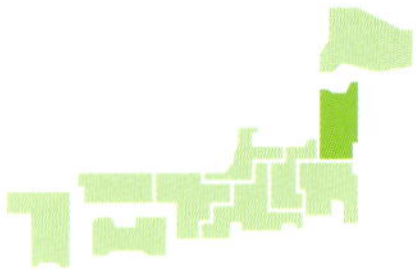

なにやら奇妙な建物だ。モチーフにしたのが宇宙人だとしたら、それにしては服が古風だ。

これは、教科書にも載るほど知られている「遮光器土偶《しゃこうきどぐう》」をモチーフにした駅舎だ。五能線木造《きづくり》駅近くにある縄文時代の亀ヶ岡遺跡から出土した土偶で、その形状の良さから、国の重要文化財に指定されている。どこかで見たことがあると思う人も多いことだろう。

その目の部分には、なにか覆《おお》いを被せている。これは、雪の中でまぶしさを避けるためにつけた、細いスリットの入った遮光器ではないかといわれている。このことから「遮光器土偶」と呼ばれる。

実物は、東京国立博物館に保存されているが、地元としては全国的に知られた地元産品をアピールしたいもの。そこで、駅舎の外壁に、掘り出された遮光器土偶をそっくり再現したのだ。

もっとも、現物は高さ三四・二センチであるにもかかわらず、こちらは高さ一七メートル超と特大。だから、足元にある人間の出入口が、やけに小さく見える。

＊　＊

遮光器土偶をかたどった巨大像が目を引く木造駅

ところで、この出入口には「木造ロータリークラブ例会場」の看板が掲げられている。駅舎全体は地元の施設で、駅舎施設は右足の外側、写真では左下に写っているもう一つの出入口を入ったところとなっている。この左下の出入口に「JR木造駅」と書いてあるのだ。

29

# らぶらぶベンチがある駅

## 江川崎駅《えかわさき》

●JR四国予土線ほか
●高知県四万十市

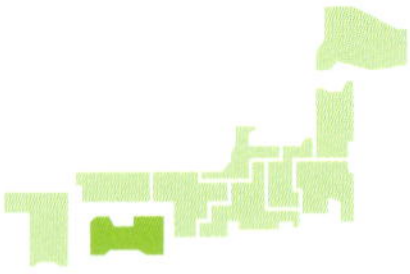

何とも奇妙な、座り心地の良くなさそうなベンチだ。

これは「らぶらぶベンチ」と呼ぶJR四国お手製のもの。二人連れで腰掛けると、座面の傾きで二人が仲良くくっついちゃうという代物だ。もちろん、座面はツルツル。座面に置いた瓶をみれば、どれほど傾いているかがわかるだろう。

そのベンチの上には、次のように書いてある。

「ようこそ　日本一暑い駅へ　41・0℃」

二〇一三（平成二五）年に、日本一の最高気温を記録して話題となった四万十《しまんと》市だが、その記録した場所が、ここ江川《えかわ》崎《さき》なのだ。日本一暑い駅で、あつあつカップルが「らぶらぶベンチ」で寛《くつろ》いでくださいということらしい。なかなかやるものだ、JR四国さん。

ちなみに、らぶらぶベンチはこの予土《よど》線江川崎駅にはじめて設置され、その後、土讃《どさん》線の坪尻駅・大歩危《おおぼけ》駅・安和《あわ》駅、予《よ》讃《さん》線の下灘駅にも設置されている。

JR四国が設置した「らぶらぶベンチ」

# 第3章

# 駅の車両たち

# 糸魚川駅《いといがわえき》

●ＪＲ西日本北陸新幹線
●新潟県糸魚川市

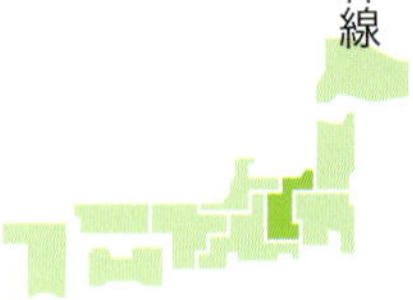

駅舎からディーゼルカーが飛び出してきた！

見ての通り北陸新幹線糸魚川《いといがわ》駅での光景だが、なかなかの迫力だ。

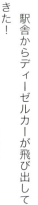

糸魚川駅は、北陸新幹線のほか、えちごトキめき鉄道とＪＲ東日本大糸線の駅でもある。この車両は、その大糸線を走っていた国鉄時代に製造されたキハ52 156というディーゼルカーで、キハ20系と呼ばれる形式のなかで、最後までＪＲ線を走っていたうちの一両だ。

＊＊

新幹線駅を造るにあたり、その地元ゆかりの車両を保存することになった。

ここまでは割とよくある話だが、それを駅前広場に展示するのではなく、駅舎

糸魚川駅舎から飛び出して展示されている、キハ52形ディーゼルカー

に直角に線路を敷いたところに、この保存車の特徴がある。それも、線路を駅舎内まで敷いてしまったのだ。いつもは駅舎内の一階の地元情報発信基地「ジオパル」内に留め置かれ、待合室として使われている。そのうえで、冬期を除いた毎月第二・第四日曜日を基本に、このように屋外に引きだして展示をするのだ。

屋外展示の際にキハ52形の後方上部にある三角屋根は、同車が現役だったころに、同じく直江津名物だったレンガ車庫の入口部分だ。レンガ車庫は老朽化と新幹線工事のために解体されてしまったが、そのポータル部分だけこうやって移設して展示したのだ。それも、背後に回るとしっかりと鋼材で耐震補強されていることがわかる。

糸魚川名物のキハ52とレンガ車庫を、このような形で保存したのは、まさにアート。その発想力に脱帽だ。

上：保存されたレンガ車庫ポータルの裏側は、しっかりと鋼材で耐震補強されている

左：屋内と屋外での展示切換時には、アントと呼ばれる移動機でキハ52を動かす

31

# 駅前に転車台がある駅

## 福知山駅

●JR西日本福知山線
●京都府福知山市

蒸気機関車が駅前に静態保存されていることは良くある。その多くは、駅前といっても片隅だったり、長年の展示で痛んで解体されてしまったりと、保存当初の熱気はどこへやらといった様相を呈している。

ところが、ここ福知山駅前は違う。南口を出ると、誰でも目につく場所にそれはあるのだ。それも、一段高い位置に設置してあるので、よけいに目立ち、迫力も感じる。一段高くなっているのは、単に嵩上《かさあ》げをしているのではなく、転車台をもってきたためだ。

転車台を地上に置いて見上げる形にした静態保存機関車

転車台は、蒸気機関車の向きを変えるために、かつては主だった駅にあった。機関車が載ると、グルグルと回転して機関車の方向を変えるために転車台と呼ぶ。その回転をさせるために、通常、転車台のところの土を掘る。そうすることで、地上のレールと転車台のレールの高さを合わせるのだ。その転車台を、ここ福知山駅南口ではあえて地上に置いたので、機関車が一段と高くなったのだ。

これは見応えがあるし、直線と曲線が入り組んだ転車台設備と機関車は、アート作品としても鑑賞に堪《た》えられる。さらに、転車台の構造を知るための教育材料にもなることだろう。

その高さと大きさから、機関車に近づくと後方の福知山駅舎がほぼ隠れてしまうが、近くのホテルに泊まったところ、客室から見下ろすことができた。このように俯瞰すると、全体の様子を手に取るように眺められる。

近づくと、見上げる形になってより迫力を感じる

俯瞰してみると、駅と駅前広場の関係が良くわかる

# 義経号がいる駅

## 若《わか》狭《さ》本《ほん》郷《ごう》駅

●JR西日本小浜線
●福井県大飯郡

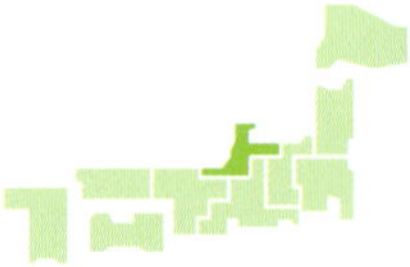

西部劇に出てきそうな蒸気機関車と、メルヘンチックな建物がある。どこかの遊園地かと思ってしまうが、これが公共施設の一角なのだ。

機関車は、「情報交差点ぽーたる」という物産販売店などがある施設の駐車場にあり、奥の建物はJR西日本小浜線の若狭本郷駅舎なのだ。その間には、小浜線の線路が通っている。

機関車は、一九九〇年に開催された国際花と緑の博覧会（花の万博EXPO'90／大阪花博）で走った、「義経号」のレプリカだ。一方、駅舎は同万博で使われた「風車の駅」を移築したもの。

バブル経済真っ最中に開催された同博覧会では、明治時代に北海道の開拓で活躍した蒸気機関車「義経号」を会場内で走らせた。同会場の「風車の丘」と「山のエリア」を結んでいたので、両端の駅は「風車の駅」「山の駅」と名づけられていた。会期後に、「風車の駅」を福井県おおい町が引き取って、地元の若狭本郷駅舎として活用しているのだ。ちなみに、「山の駅」は、福知山線の柏原《かいばら》駅に移築されている。

「風車の駅」は正面に向かって右側が駅舎機能で、左側は「風車会館」と名づけられた観光協会が入る建物となっている。

なお、大阪花博で走った本物の義経号は、いま京都鉄道博物館に保存展示されている。

同機は7100形という幌内鉄道の機関車だったが、僚機《りょうき》には「しづか号」「弁慶号」などもいた。「しづか号」は幌内鉄道ゆかりの小樽市総合博物館に保存され、「弁慶号」は大宮の鉄道博物館に保存されている。

大阪花博の「風車の駅」を移設した若狭本郷駅

「義経号」のレプリカの先には
「風車の駅」が見える

# 西藤原駅

●三岐鉄道三岐線
●三重県いなべ市

蒸気機関車を模した建物が二両（?）並んでいる。ここは、三重県を走る三岐《さんぎ》鉄道三岐線の終点となる西藤原駅だ。

ひと目見たときには「なんだこれ?」という印象だったのだが、よく見るとなかなか凝ったデザインだということがわかる。

三角屋根の建物でありながら、煙突やヘッドライト、煙室扉など随所に工夫を凝らし、さらに基礎のコンクリートに動輪等を描くという、なかなか凝った造りなのだ。さらに、茶色い客車をつないでいるところも楽しい。

この西藤原駅には、駅前公園があって三岐鉄道創業時に活躍した蒸気機関車や、その後に入線した電気機関車、ディーゼル機関車の三両が展示保存されている。また、月に一度、週末に桑名工業高校の有志が立ち上げたミニ鉄道「桑工ゆめ鉄道」の運行が無料で行われている。

その玄関口の駅として、好ましいキャラクターデザインの駅舎といえよう。

蒸気機関車が２両並んでいるかのような西藤原駅

# 真岡《もおか》駅

●真岡鐵道真岡線
●栃木県真岡市

　蒸気機関車が二両いて、右側の機関車は煙を出して走っている。その機関車を覆っている建物は、巨大な蒸気機関車の形をしている。左端にも同様の建物がある。左側の機関車の後方は建設中の建物で、同様な機関車型になるのかもしれない。
　都合四両の蒸気機関車が一度にみられるのは、茨城県から栃木県へと走る真岡《もおか》鐵道《てつどう》の拠点となる真岡駅だ。真岡鐵道は、一年中、週末に蒸気機関車が走る北関東の路線として知られているが、二〇一三（平成二五）年四月「ＳＬキューロク館」を新設した。キューロクというのは大正時代に造られた貨物列車用の名蒸気機関車９６００形の愛称だ。その４９６７１号機を圧縮空気で走るようにしたのだ。走る距離はわずかだが、停まっているのと動くのとでは観客の感動が全く違う。その車庫兼展示室として、巨大な蒸気機関車型の建物が造られたのだ。
　それ以前から、真岡駅は巨大な蒸気機関車型だったので、キューロク館の誕生で、まるで巨大な蒸気機関車が二両並んでいるかのようになった。さらに、二〇一七年には静岡からＤ51形蒸気機関車がやってきた。これで四両になったのだ。左側のＤ51形の後方に白い幕があるが、ここにＤ51形の車庫ができるという。さらに、その先ではこのＤ51形も圧縮空気で走らせる予定としている。
　週末になると、写真の左側にある線路を蒸気機関車が煙を吐き、客車を引き連れて通る。この時には、都合五両の蒸気機関車が同時に見られる、なんとも贅沢《ぜいたく》なところだ。

左から、真岡駅・D51 146・ＳＬキューロク館・49671号機

35

# 銀河鉄道９９９？の駅

## 米子《よなご》駅

●ＪＲ西日本山陰本線
●鳥取県米子市

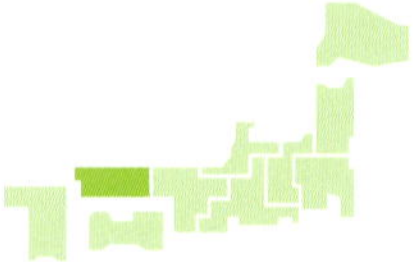

空高く昇っていく蒸気機関車牽引の客車列車は、なかなか意欲的な造形作品だ。
　ここは山陰の鉄道発祥の地であり、鉄道の街として発展した鳥取県の米子駅前にある「だんだん広場」。先頭の機関車は、どうみても国内最大の旅客用蒸気機関車Ｃ62形で、「銀河鉄道９９９《スリーナイン》」に登場する機関車でもあるが、どこにもそうとは書いてない。
　米子付近でＣ62形が活躍した歴史はないはず。それだけに、イメージとしてどうも合わない。素晴らしい造形作品だけに、何の目的で誰のデザインを採用したのかといった説明がどこにもないのが、なんとも残念だ。

望遠レンズで見ると、C62形牽引の客車列車であることがさらに良くわかる

# 玉造駅《たまつくり》

●JR西日本大阪環状線
●大阪府大阪市

なんとも大きな電車の右上を、本物の電車が駆け抜けていく。

ここは、大阪環状線玉造駅に隣接する「ビエラ玉造」という商業施設だ。JR西日本が「大阪環状線プロジェクト」という、駅内外をより利用者に満足されるようにするプロジェクトで造ったものだ。長年にわたり大阪環状線を走ってきた103系電車をモチーフにしたもので、その存在感が半端でないことは見てわかろう。

もう一つ、「大阪環状線プロジェクト」のなかで異色だったのが、寺田町駅外回りホームにある旧駅名標だ。同駅でプロジェクト対応工事をしていたところ、壁の中からこの旧駅名標が表れたという。そこで、急遽設計変更をして保存されたのだ。どうやら、寺田町駅ができた時からあった駅名標で、戦後に右書きから左書きになった際に上書きされた跡があるという、大阪環状線の歴史を知る駅名標である。

寺田町駅で保存された旧駅名標

外観を103系電車にした「ビエラ玉造」

# 鴨宮駅《かものみや》

●JR東日本東海道本線
●神奈川県小田原市

なつかしい0系新幹線がトンネルから飛び出してくる様子は、造形物としてのセンスを感じる。これは、神奈川県の鴨宮《かものみや》駅前に設置されている「新幹線の発祥地・鴨宮」碑だ。

東海道新幹線開業前の試運転は、試験車両を使って新幹線モデル線区で行われた。そのモデル線区の基地があったのが、ここ鴨宮なのだ。いまもJR東海の鴨宮保線基地があり、そこに「新幹線発祥之地」碑がある。しかし、鴨宮駅からわずか六百メートルほどでありながら、施設内なので非公開となっている。

そこで、地元が長年にわたって駅前に移設を求めたものの、埒《らち》が明きそうにない。その間に世代交代が進み、この地が新幹線発祥之地だと知る人が減ってきたことに危機感をもったという。そこで、地元有志が費用を出し合って、新幹線開業から四五年目となる二〇〇九（平成二一）年に、この「新幹線の発祥地・鴨宮」碑を建立したのだ。

地元の誇りを込めた「新幹線の発祥地・鴨宮」碑の全景

# 第4章

# 印象派の駅

38

# 木と一体化した駅名標

## 上総《かづさ》川間《かわま》駅

●小湊鉄道小湊鉄道線
●千葉県市原市

いつから立ち続けているのだろう。大きく育った木の葉が、抱きしめるかのように駅名標を覆っている。

この様子を見かけて思わず立ち止まり、見入ってしまった。

木も駅名標も居心地の良さを知ってしまい、このままでいたいと思い込んでいる気がする。

人知れず育ち……と思いかけたが、駅のホームなのでそんなはずはない。

その証拠に、ホームは整備され、近くに花も植えられている。きっと、微笑ましく、この駅名標の様子を見守っている人たちがいるのだろう。これからもお幸せにと、思わずつぶやいてしまった。

風雪に耐えてきたであろう駅名標は、この日、陽光を受けて気持ちよさそうだった。

駅名標と木の、最良の関係？

# 吉沢駅

●由利高原鉄道鳥海山ろく線
●秋田県由利本荘市

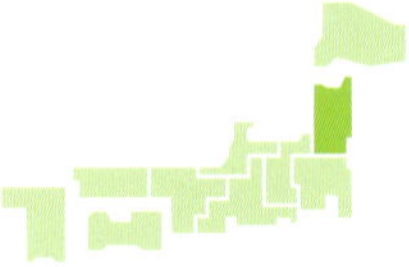

青い空に浮かぶ白い雲。
里山に、その陰が落ちている。
小さな屋根も、てっぺんが白い。
ホームには、その駅舎の陰が落ちている。
田んぼでは、田植えの準備が進み、季節も進む。
まわりに何もないが、ここには青空に映える無人駅がある。

日本の典型的な里山風景が、この駅の楽しさ

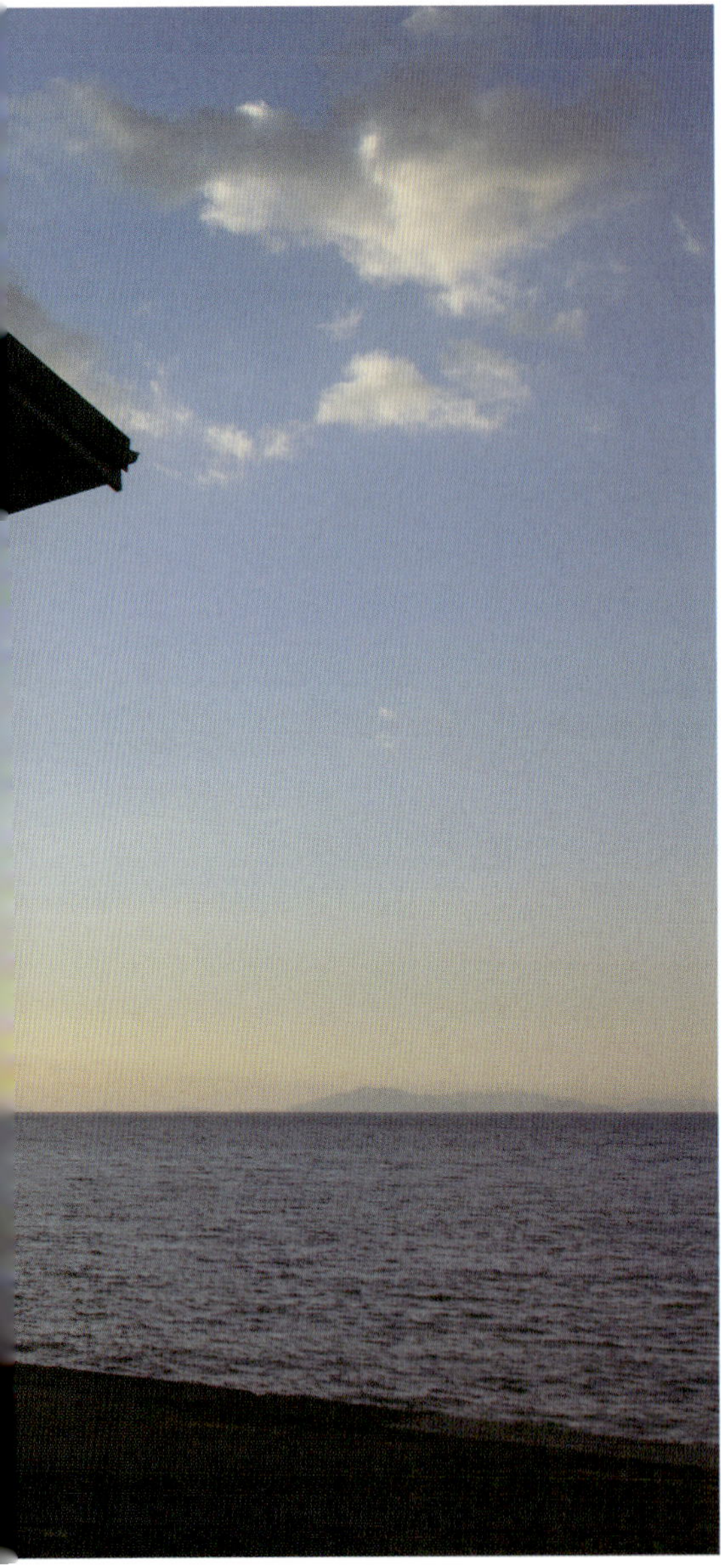



# 夕陽を眺める駅

## 下《しも》灘《なだ》駅

●JR四国予讃線
●愛媛県伊予市

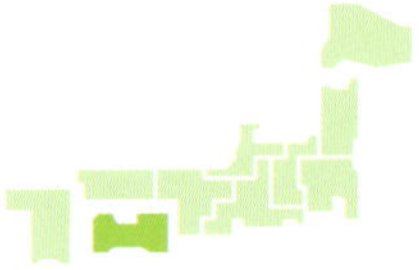

人は、夕景を見るとなぜか感傷的になってしまう。

それも、海が見えるところであればなおさらだ。

そんな、海に沈む夕陽を眺められるとして人気なのが、ここ下灘駅。

ある夕暮れ近くに下車すると、無人駅にもかかわらずなぜか人が多い。

手持ちぶさたに待合室にいる人、なんとなくホームを散策する人、ベンチに座って海を眺め続ける人など、十人十色の時の過ごし方をしていた。

凪《な》いだ海の沖には、瀬戸内海に浮かぶ島が見える。その先に横たわるのは、本州であろう。そんなことを考えていると、時が少しずつ進んでいく。

夕陽に浮かぶ下灘駅のホーム

やがて西の空が染まり、ついに夕陽が沈んだ。ひたひたと迫る暗闇を眺めながら、次の列車を待つ。

ふとみると、待っているのは私ともう一人だけ。それ以外の人たちは、どうやら車で来ていたようだ。

しだいに肌寒さを感じるようになった頃、遠くに列車のヘッドライトが見えた。

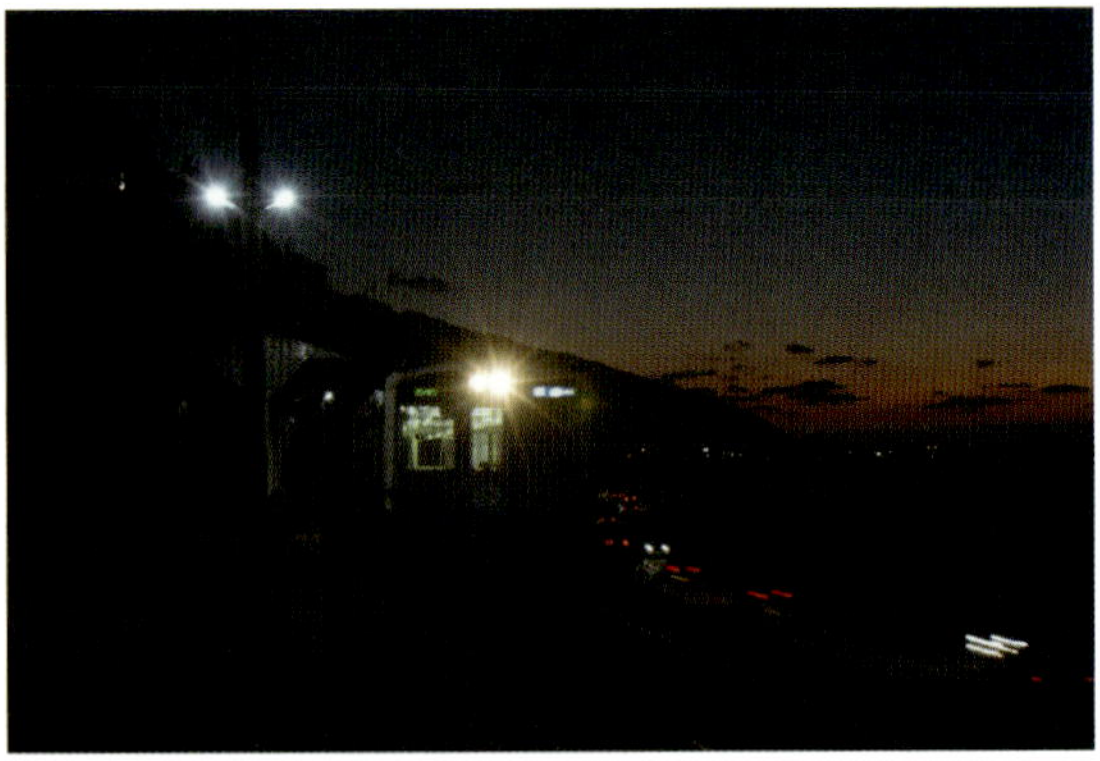

残照のなかをやってきた列車

遠くに本州を見ながら、一人、なにを考えているのだろう

# 奥大井湖上駅

●大井川鐵道井川線
●静岡県榛原郡

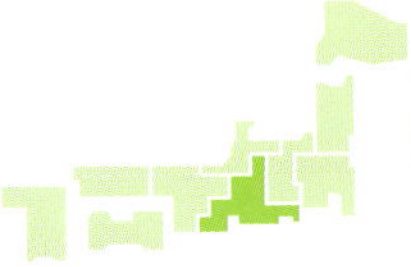

長く赤い鉄橋の途中に陸地がある。そこにはホームがあるが、もちろん周囲に住んでいる人はいない。

ここ奥大井湖上駅は、蛇行する大井川ダム湖の湖上にある駅。

長島ダムを建設する際、井川線はダム湖に沈むため、線路の付け替えを行った。ダムの堰堤《えんてい》部分では、国内唯一のアプト式ラックレールを採用した。そのアプト式で一気にダム湖の高さを超えた線路は、付け替え区間の最上部付近で、蛇行する大井川を越えるため、いったん対岸に渡り、さらに次の鉄橋を使って元の岸に戻ることになった。

この観光用の駅は、駅前の斜面に簡単なログハウスなどがある。

並行する道路から見下ろすと、その駅の立地状況に驚くとともに、その芸術的な美しさには目を奪われる。

井川線の列車は極めて本数が少ないが、奥大井湖上駅から接岨峡《せっそきょう》温泉駅側は線路に沿った歩道があって、歩いて渡ることができる。駅間一・六キロなので、ゆっくり歩いても三〇分くらい。列車まで時間があるようなら、接岨峡温泉会館という共同浴場で汗を流すのも良い。肌がツルツルになる泉質だ。

大井川湖上駅から接岨峡温泉駅へと向かう井川線の列車。橋の左側が歩道になっている

鉄橋の真ん中にあるのが奥大井湖上駅。文字どおり、ダム湖に浮かぶ湖上駅ということがわかる

# 南下徳富駅《みなみしもとっぷ》

●JR北海道札沼線
●北海道樺戸郡

秋が深まる山並みをみつつ、ゆっくりと走っていたディーゼルカーが停まった。よく見ると、そこには赤い柵のホームがある。

駅だった。

でも、駅舎がない。

近くにある遮断機のない踏切は、カンカンカンと警報音を鳴らし続ける。

やがて、ディーゼルカーはエンジンを唸らせて、ゆっくりと発車した。

この南下徳富《みなみしもとっぷ》駅を含む、浦臼《うらうす》駅〜新十津川駅間一三・八キロは、一日にわずか一往復という、いま日本でもっとも列車本数が少ない区間だ。

浦臼駅を九時六分に発車した列車は、同二八分に終点の新十津川駅に到着する。折り返し九時四〇分が、この日の始発であり最終列車だ。もちろん、日本一早い最終列車だ。

乗客は、この稀少列車に乗るために、遠方からやってきた旅行者ばかりだ。地元から見放されたような路線の未来は、決して明るいものではなかろう。しかし、乗客たちはそこに価値を見いだしているのである。

ホームの存在感が薄い駅。駅前には踏切警報機があるだけ

ひろびろとした畑の中にポツンとあるホーム

43

# 十勝岳連峰を望む無人駅

## 鹿討駅《しかうち》

●JR北海道富良野線
●北海道空知郡

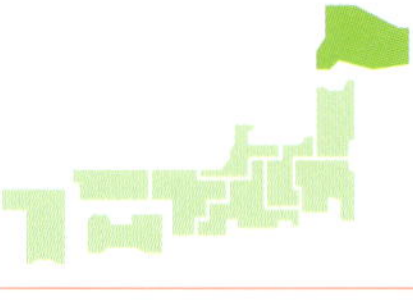

こぢんまりとした待合室がある無人駅。
そこにやってきたのは、たった一両のディーゼルカーだった。
駅名標の傍《かたわ》らに建つ素朴な電柱は、先端に照明がひとつあるだけだ。
日が暮れると、ぼんやりとした光が、あのホーム中ほどを照らすのだろう。
そんなことをつらつらと考えてしまう、なにもない無人駅だった。
ホームの先に見えるのは、冠雪した十勝岳連峰だ。
青空の白い雲とともに、強く印象に残る光景だ。

ホームでも、もちろん十勝岳連峰を眺められる

44

# 日本三大車窓の駅

## 姨捨《おばすて》駅

●JR東日本篠ノ井線
●長野県千曲市

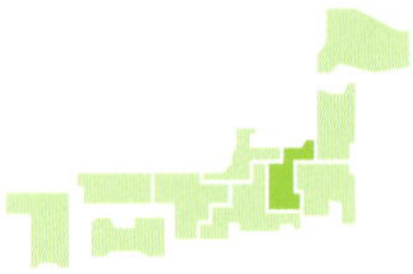

雄大な景色を見下ろすホームは、姨捨伝説が残る姨捨《おばすて》駅だ。

スイッチバックの駅で、せり出した展望場所のすぐ下に、長野に向かう本線が敷かれている。

眼下を流れるのは千曲川《ちくまがわ》で、その先に広がる平地は善光寺平と呼ばれている。

かつて、日本三大車窓と言われた景色は、

根室本線・狩勝峠《かりかち》
篠ノ井《しののい》線・姨捨
肥薩線・矢岳《やたけ》越え

だった。

このうち狩勝峠は新線に代わって廃止されている。

矢岳越えはいまも霧島連山を一望にできるが、駅間にあるため列車通過時に眺めることになる。

その点、ここ姨捨は駅から眺められるので、自由にその景色を堪能できる。

ホームのベンチは、景色を眺めやすいようにと線路に背を向けて設置してある。

ここからは「田毎《たごと》の月」として知られる棚田も見られる。

昼間の景色はもちろんのこと、夜景も人気だ。

JR東日本のクルーズトレイン「TRAIN SUITE 四季島《しきしま》」も、一泊二日コースの初日夜に、この姨捨駅で夜景を楽しむ。

そのためのバーラウンジもホームに誕生したが、山側ホームに造られたため、一般客の眺望を邪魔することはない。

思い思いに、心ゆくまでこの景色を楽しむことができる駅なのだ。

景色を楽しむために線路に背を向けて座る椅子。画面左側中央付近に棚田「田毎の月」が見える

日本三大車窓を誰もが自由に楽しめる姨捨駅松本方面ホーム

45

# レンガ積みトンネルがある駅

## 田浦駅

●JR東日本横須賀線
●神奈川県横須賀市

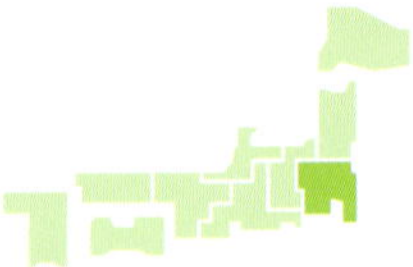

年代物の立派なレンガ積みトンネルを出ると、そこにはホームがある。

レンガ積みトンネルは、今も少なからず残っているが、トンネル出口がホームに直結している駅はそうそうない。それも、比較的列車本数が多い横須賀線だ。

首都圏の通勤輸送を担う中距離電車とレンガ造りのトンネルの取り合わせ、それはなんとも芸術的に見える。

長い十一両編成の列車がくると、上り（逗子《ずし》）方の先頭車は田浦トンネル内に停車する。というのも、ホームの下り（横須賀）方も、すぐに七釜トンネルになっているため、ホームを延ばせないのだ。

その下り方の七釜トンネルは、ホームに面した二つに加え、今は使っていないものもある。

中央が一八八九（明治二二）年にできた最初のトンネルだが、電化する際に改修されている。

右が複線化の際にできた一九二四（大正一三）年製のトンネルで、こちらは上り方と同じくレンガの色が鮮やかだ。

左の今は使っていないコンクリート製は、一九四三（昭和一八）年に海軍の要請で造られた港への引き込

レンガ造りのトンネルと近代的な電車の対比が見事な田浦トンネル

み線につながる軍需輸送用のトンネルとなっている。

上：ホーム両端がトンネルに接していているため、長い編成だと先頭車がトンネル内に停車する

下：三世代のトンネルが並ぶ。右から、大正・明治・昭和の七釜トンネル

# 日本一のトレッスル橋を残す駅

## 餘部駅《あまるべえき》

●JR西日本山陰本線
●兵庫県美方郡

上：餘部駅ホーム横からはじまる「余部鉄橋 空の駅」。ホーム隣接地には線路が敷かれている
下：「余部鉄橋 空の駅」先端付近にある、日本海を眺める椅子。美しい海岸線が楽しめる

鋼材を組んで橋脚を造った鉄橋を、トレッスル橋という。

そのトレッスル橋として、国内最大規模で知られていたのが餘部《あまるべ》駅すぐのところに架かっていた余部《あまるべ》鉄橋だ。しかし、老朽化で新たなコンクリート橋を造ることになり、その後の扱いが注目された。結果、三本の橋脚が保存され、その上部は「余部鉄橋 空の駅」となった。

保存された橋脚は、往年の美しさと迫力を未来に伝えるもので、背後に広がる日本海とともに、印象に残る光景を見せてくれる（次頁写真）。

「空の駅」は展望施設で、余部駅利用者はもちろんのこと、橋脚の下にできた「道の駅あまるべ」の利用者も見学に来る観光地となっている。その駅寄りの部分には線路が敷き直されているが、橋脚上は歩きやすいように平面とし、レールを模した二本の線が引いてある。さらに、海を眺めて過ごすための椅子や、強化ガラスで真下が見られるようにするなど、楽しく滞在する工夫がされている。

冬場を中心に強風が吹く土地柄のため、展望施設の利用者が危険にさらされないよう、網目の柵もしっかりと造ってある。

「空の駅」から見る日本海の景色、保存された橋脚とともに、その芸術的な美しさには感嘆させられる。

保存された、美しさと力強さが両立しているトレッスル橋脚三脚
（注：橋脚間にエレベーターが設置されたので、やや景観が変わっている）

# 大木が突き抜ける駅

## 萱島駅《かやしま》

●京阪電気鉄道京阪本線
●大阪府寝屋川市

駅のホームを巨木が突き抜けている。これは、「萱島《かやしま》の大楠」として、古くから地元で信仰されてきたご神木だ。

京阪電気鉄道が高架複々線を建設することにした当初は、この楠を伐採する予定だったという。しかし、鎌倉時代からとされる萱島神社のご神木とあって、氏子から楠を守る運動が起きた。

そこで、電鉄側は楠を取り囲むようにホームを造り、楠の部分は屋根も張らないという対応をした。さらに、廃れていた萱島神社を京阪電気鉄道として高架下に再建したうえで寄進している。

駅ホームで列車を待つ間、こんな巨木を眺めていられるのは、なんと贅沢《ぜいたく》なことだろう。その枝葉の育ち方は、実に芸術的だ。さらに、葉からは新鮮な匂いが感じられる時期もあり、まさに五感で安らぎを感じられる駅となっている。

上：巨木がホームを貫き、屋根も越えている萱島駅

下：高架下に再建された萱島神社。見上げた屋根上に、大楠の枝葉が見られる

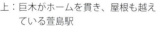

# 大階段が天に昇る駅

## 京都駅

●JR西日本東海道本線
●京都府京都市

天に向かって真っ直ぐに進むエスカレーター。周りの建物は、太陽の輝きを反射させて眩しく光る。

この光の芸術を楽しめるのは、京都駅ビルだ。

百貨店・専門店街はもとより、ホテルや劇場まで備えた巨大な京都駅ビルは、改札口を中心として東西に大きく分かれている。

改札口付近の上に巨大な空間を設け、西側には傾斜をつけた建物を造り、エスカレーターと階段で建物の外壁に沿って上下できるようにした。

この斬新な造りを上から見下ろすと、

これまた見事な造形美で構成された駅ビルの様子を見ることができる。
古都京都の、斬新な一面が感じられる駅だ。

上から駅ビル全体を見下ろすと、曲線を含む造形美が楽しめる

直線で構成された人工物は、力強さを感じる

# 大阪駅

●JR西日本東海道本線ほか
●大阪府大阪市

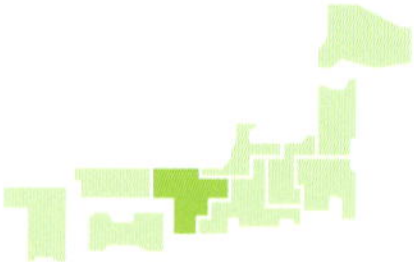

京都駅に続いて駅ビルを作り直した大阪駅も、その駅ビル構造が斬新で、造形美を強く感じるものとなっている。

大阪駅の特長は、跨線橋を広い通路として南北のビルを結んだうえで、それら全体を大屋根で覆ったことにある。その跨線橋は、三階の改札階と五階の時空《とき》の広場の二重構造としている。

この立体構造を結ぶために、時空の広場の端部に円形の吹き抜けを設け、なかに直線のエスカレーターを配した。これで見事な造形美が創り出され、来訪者が楽しむことができる場となった。

このような駅デザインは、ヨーロッパで見かけるが、国内にはあまり類がなかったものだ。そのデザインセンスは、大阪駅を利用するたびに感心する。

上下の立体構造を直線で結ぶ手法は、京都駅に通じるものを感じる

# 旧万世橋駅《きゅうまんせいばし》

●JR東日本中央本線
●東京都千代田区

夕暮れ迫る煉瓦《れんが》の建物。

二階のカフェへの案内とともに「1935階段」と記してある。

階段を上り、高架上にでると、その左右に線路がある。

柱に「まんせいばし」の文字があり、ガラス張りの外を中央線の快速電車が通過する。

ここは、かつて中央線の東端だった万世橋駅の跡だ。

中央線は東京駅まで延伸され、万世橋駅は戦時中に休止となり、のちに廃止された。

＊　＊

始発駅だった頃の万世橋駅舎は、関東大震災で被災した。

その跡地に交通博物館を建設することになり、同館を避けてホームに上がる階段が造られた。

完成したのは交通博物館の開館前年となる一九三五（昭和一〇）年、それが「1935階段」だ。

その交通博物館は、大宮にできた鉄道博物館に移転して、二〇〇六（平成一八）年に閉館した。

いまや、この万世橋駅の遺構だけが残っている。

そこを商業施設としてオープンした年から、高架上は「2013プラットホーム」と名づけられた。

都心で、歴史を感じながらトレイン・ウォッチができる駅跡だ。

暮れなずむ頃が似合うレンガ造りの高架建築

「1935階段」を上ると、そこは旧万世橋駅の「2013プラットホーム」

51

# 栄光の跡が暗闇に包まれている駅

## 東成田駅

●京成電鉄東成田線
●千葉県成田市

明るいホームにも人はまばらで、電車も片道四十分に一本がやってくるだけだ。これでは、向かい側のホームが要らないのも当然だろう。

この不思議なホームは、かつての成田空港駅だ。

成田空港が開港したとき、アクセス鉄道は空港から少し離れたところにあり、そこからバスに乗り継いでいた。その成田空港駅が、いまは東成田駅となり存続しているのだ。その証拠に、電気の消えた駅名標には「なりたくうこう」と書いてある。このホームが、かつて京成スカイライナーが発着していた特急ホームだったとは、知らなければ気づかない。

その栄光のホームが、いまも当時そのままに残されている。

二〇一六（平成二八）年二月に、二代目スカイライナーAE100形さよならツアーで、特別にこのホームが使われた。しかし、それは一度きりのことで、今後も使う予定はないようだ。

栄光を記憶するホームが、今日も薄暗い闇の中にたたずんでいる。

昼間の地下ホーム、手前は明るく、奥は薄暗い。

暗いホームの駅名標には電気もついていない。

上：薄暗がりにある駅名標には、たしかに「なりたくうこう」の文字がある

下：奥に見えるのが、かつてのスカイライナー発着ホーム

# 国道駅

●JR東日本鶴見線
●神奈川県横浜市

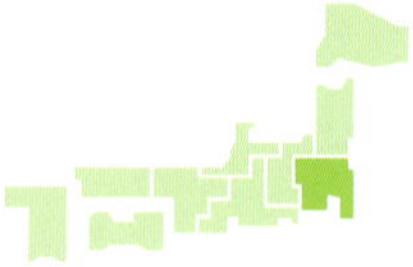

薄暗いコンクリート構造物の下に、自動券売機と改札口がある。

つまり、ここは駅前なのだ。

右上には呑み屋の看板が上がり、その奥には赤提灯も見える。

京浜工業地帯の入口にあたる東海道本線鶴見駅から、鶴見線でわずかひと駅・九百メートルに位置する国道駅は、昭和を再現した映画のワンシーンかと思ってしまうほどの光景だ。

それが今日もあるのは、奇跡といえよう。

この雰囲気は、下車してゆっくりと肌で感じたい。

昭和がそのまま残る国道駅改札口付近だが、Suicaの利用が可能だ

# 吉原駅《よしわら》~岳南江尾駅《がくなんえのお》

●岳南電車岳南線
●静岡県富士市

暗闇に浮かぶ鉄骨造りのホーム。

この印象的な夜景は、「日本夜景遺産」に認定されている。

鉄道路線・駅舎・車両のすべて、つまり岳南電車全体が「日本夜景遺産」に認定された日本初のケースだ。

そのポイントは、沿線の光量が多くないこと。

また、工場地帯を抜ける路線のため、工場の夜景も楽しめる。

なかでも、岳南原田駅は駅ホームから〝工場萌え〟を安全に楽しむことができる。

この岳南電車は、富士山の南山麓を走る鉄道との意味だけあり、全駅から富士山が見られるのも売りとなっている。

昼間は富士山を眺め、夜は夜景を楽しむ、昼夜ともに楽しめる鉄道だ。

比奈駅は周囲が工場地帯のため、光量が少なく、印象的な夜景が眺められる

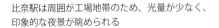

岳南原田駅ホームの先には、工場の光が怪しく輝く

# 借景による夜景が美しい駅

## 青森駅

● JR東日本奥羽本線
● 青森県青森市

夜空に緑色に光る斜線は、青森港に架かる道路橋「青森ベイブリッジ」の夜間ライトアップだ。

駅ホームとは関係がない施設でありながら、両者が一体となった光景は一幅の名画となっている。その眺めを楽しむのに、ちょうどよい跨線橋《こせんきょう》の窓ガラスもある。

かつて、青函連絡船の本州側港として賑《にぎわ》わった青森駅。その駅が今、青森ベイブリッジという借景《しゃっけい》で夜に輝く美しい駅となっている。先人の誰もが、きっと予想すらしなかった光景だろう。

北海道新幹線が開業したが、その新青森駅は隣の駅となる。以前は青函トンネルをくぐる特急列車も来たし、夜行急行「はまなす」も毎日来ていた。しかし、その長大なホームに止まるのは、いまやローカル列車ばかりとなった。

そんな現実も、夜になるとこの華やかな光景が忘れさせてくれる。

青森ベイブリッジの光が、
まるで青森駅の一部のよう

# 第5章

# 建築美の駅

# 浅草駅

- 東武鉄道スカイツリーライン
- 東京都台東区

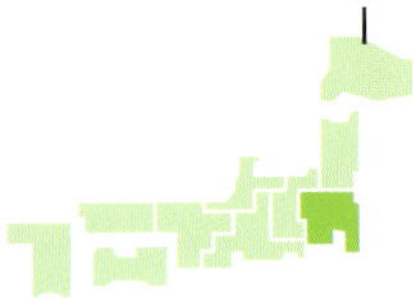

日本離れしたデザインの東武鉄道浅草駅は、一九三一（昭和六）年の竣工だ。路線を延伸して、浅草駅が隅田川《すみだがわ》対岸の現在地に移転した際に建てられた。当時、世界の先端デザインとして流行《はや》っていたアール・デコ調の代表的建築物のひとつだったという。

時代とともに外観が変化した浅草駅だが、二〇一二（平成二四）年に建築当時の外観に戻す改修工事が完了し、創建時の威容が再現された。その際、シンボルの大時計は、創建当時の雰囲気を感じさせるものにしたという。

この年は東京スカイツリーが開業した年でもある。隣り合った駅で、八〇年あまりも違う建築物が、それぞれのデザインを誇ることになったわけだ。

大時計まわりのデザインも、趣向を凝らしたものであることが見て取れる

ターミナル駅の威厳を感じさせる
アール・デコ調の浅草駅

# 東京駅丸の内駅舎

●JR東日本東北新幹線ほか
●東京都千代田区

堂々たる赤レンガの巨大な建物は、東京駅丸の内駅舎だ。

東京駅は、乗換で利用しても駅前に出ることはあまりないため、この丸の内駅舎は知られざる建物といった感があった。ところが、二〇〇三（平成一四）年に重要文化財となり、二〇一四年に築後百年を迎えることから、JR東日本が二〇一二年に保存・復元工事を完成させた。これを契機として一気に知名度が高くなった。ちょうど同じ時期に、丸の内界隈《かいわい》で主だった建物の建て替えが完成し、この一帯が注目されていたことも追い風だったことだろう。

東京駅丸の内駅舎は、明治から大正にかけて日本の建築界を主導した建築家・辰野金吾の集大成となる作品と言われている。太平洋戦争時に空襲を受けて、戦後復興時に二階建てで建て直されたが、本来は三階建てだった。JR東日本は、その本来の姿である三階建てに復元したのだ。

延長約三三五メートルという巨大なレンガ積み三階建て駅舎は、本来の駅機能を有するとともに、ホテルや美術館もある。南北のドーム天井には、彫刻を含む秀逸なデザインが見られる。

※駅舎で重要文化財に指定されているのは、国内で三件ある。他の二件は、№65で紹介している旧・大社駅と、現在改築中で見学ができなくなっている門司港駅舎。

上：その存在感に圧倒される、東京駅丸の内駅舎

下：意匠を凝らした北ドームの天井は、見とれてしまうほど美しい

57

疑似東京駅1

# 深谷《ふかや》駅

●JR東日本高崎線
●埼玉県深谷市

どうしてこんなところに東京駅があるのかと思うのが、高崎線の深谷《ふかや》駅だ。

ご覧の通り、東京駅丸の内の赤レンガ駅舎にそっくりだ。それもそのはず、東京駅を模した駅舎なのだ。

深谷市は、明治を代表する実業家として知られる渋沢栄一の生誕の地だ。その渋沢栄一は、深谷市内にレンガ工場を造り、できたレンガを専用線で深谷駅まで運び出していた。そのレンガが使われた先には、東京駅丸の内駅舎もある。

この史実をもとに、あえて疑似東京駅としたと知って納得した。

深谷産のレンガを使い、疑似東京駅舎とした深谷駅舎

58

# 疑似東京駅 2

## 大嵐《おおぞれ》駅

●JR東海飯田線
●静岡県浜松市

飯田線にも、東京駅を模した駅舎がある。

大嵐《おおぞれ》駅で、正確には駅舎ではなく駅併設の休憩所だ。正式名称は富山《とみやま》村大嵐休憩所「みんなの休む処」となっている。

この休憩所の外観は東京駅をイメージしたものとの説明はあるが、なぜ東京駅なのかの説明は見当たらない。

ところで、大嵐駅は静岡県浜松市天竜区にある。それにもかかわらず、前述の正式名称は富山村となっている。富山村は、合併により愛知県北設楽《したら》郡豊根村となった。当時、離島を除くと日本でもっとも人口が少ない自治体だった。

東京駅を模したとする富山村大嵐休憩所「みんなの休む処」

その村がどうして他県の駅にと思ってしまうが、実は、大嵐駅周辺にはほとんど民家がなく、駅前にある天竜川の橋の途中から愛知県になるのだ。富山村の中心地まではさらに県道一号線で一キロ強なので、大嵐駅は富山村の最寄り駅という位置づけなのだ。郵便物も、静岡県天竜区水窪《みさくぼ》町にある郵便局職員が、水窪～大嵐間で飯田線に乗り、駅前に停めてあるバイクで配達をしているという。

そんな土地柄から、東京駅に憧れがあってこの休憩所ができたのかもしれない。

59

# シャンデリアのある地下鉄駅

## 梅田駅〜心斎橋駅

●大阪市交通局御堂筋線
●大阪府大阪市

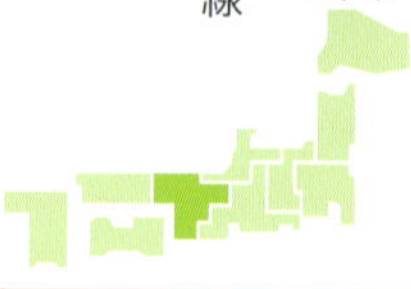

高い天井にシャンデリアがあるのは、大阪市営地下鉄御堂筋《みどうすじ》線だ。大阪の中心街を、南北に貫く大動脈として知られる。

大阪の地下鉄として最初に開業した、キタの梅田駅からミナミの心斎橋駅までの四駅は、大きなドーム状の高い天井を有している。一九二三（大正一二）年の開業だが、梅田駅だけは当時仮駅で、その後に現駅ができたという。

当初、電車は一両だけで運転していたが、当時から一〇両編成が停まれるホーム長があったというから、天井の高さとともに、いかに壮大な将来構想をもって造られたかが想像できる。それほど力を入れた地下鉄駅だけに、シャンデリアを豪快につけたことも納得ができよう。

ただし、今では利用者の増加に対処するため、ホームと天井の間に中二階をつくって旅客通路とするなど、混雑緩和対策がとられている。その結果、当初からの高い天井にシャンデリアがついている駅は、心斎橋と淀屋橋だけとなってしまった。なかでも、心斎橋の天井の高さは一見の価値がある。一方の淀屋橋は、意匠を凝らしたシャンデリアが見物だ。

高い天井にシャンデリアが並ぶ心斎橋駅

天井高はさほどでもないものの、意匠を凝らしたシャンデリアが残る淀屋橋駅

60

# 彼方が霞む地下階段がある駅

## 土合《どあい》駅

●JR東日本上越線
●群馬県利根郡

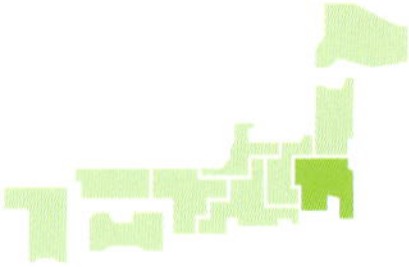

これは、上越線土合《どあい》駅の駅舎から下りホームへと続く階段だ。

長い下りで、写真の下部の中央すこし右にみえる「410」の数字は、地下ホームから四一〇段目を表している。

右側の手すりの外には、階段にもなっていない空き地がある。エスカレーター設置用の場所だが、開業以来、エスカレーターの工事がされたことはない。

上越線の上り線は、湯檜曽《ゆぎそ》～土合間の高度差をループ線を使って克服しているが、下り線は長い新清水トンネルでまっすぐ緩やかな勾配《こうばい》で進む。その結果、中間にある土合駅付近の下り線は、上り線がある駅舎から七〇・七メートルも低いところを通ることになった。その駅舎と地下ホームを結んでいる階段がこれだ。

かつて、谷川岳の登山者で賑わったという土合駅だが、交通手段が変わり、いまこの駅に来るのは、もっぱらこの変わった地下駅を見学に来るひとびとだ。彼らは、長い階段の上り下りを楽しんでいる。

圧倒される半円形の造形美は、とても駅設備と思えない。

このデザインされたような空間を、どう見てよいのか、たじろいでしまう。

地下ホームへと続く階段は462段。他に改札近くの24段がある

有人駅だった頃には、下り列車発車の一〇分前に改札をやめていた。階段を降りて間に合わなかったり、あわてて階段で転倒したりすることがないようにだ。いまでも、改札口近くには、ホームまで一〇分を要するとの注意書きがある。

一直線に続く階段だが、両端は地上と地下ホームとなっている。その両端は温度差が大きいことが少なくなく、階段上部に霧がかかって霞《かす》んでいることまである。そうなると、SFの世界を実体験するような気持ちで上っていくことになる。

# 藤沢駅

●江ノ島電鉄江ノ島電鉄線
●神奈川県藤沢市

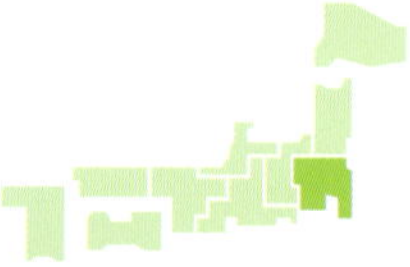

ヨーロッパの駅かと思ってしまうデザインは、江ノ島電鉄の起点となる藤沢駅だ。

江ノ島電鉄は鎌倉から江ノ島にかけて注目されることが多く、反対側の起点・藤沢駅は、通勤通学客主体の地元密着型の駅となっている。その改札口は、ＪＲ藤沢駅前の小田急百貨店二階にある。

アーチを描く鋼材で屋根をつくり、向かって右側の降車ホームには通路に沿って明かり採りの丸窓が並んでいる。線路端にある柱時計も円形で、これらの丸みが全体に調和して、ヨーロピアンな建築美を見せている。

アーチ鋼材の屋根、丸窓が並ぶ通路側面に、柱時計の円形がよく調和している

わずか一線二面の駅にもかかわらず、乗車ホーム・降車ホームともに広く造ってあるところが、乗客の多さを物語っている。一時間に五本の列車が折り返す、機能性抜群の駅と言えよう。

## 62 駅跡に残る防波堤ドーム

# 旧稚内桟橋駅《わっかないさんばし》

## 稚内港北防波堤ドーム

●旧国鉄宗谷本線
●北海道稚内市

ローマ建築か、はたまたアールヌーボー建築かと思わせるこの建築物は、日本最北の駅である稚内《わっかない》駅からさらに北へ四〇〇メートルほど進んだ海岸沿いに建つ、稚内港北防波堤ドームだ。

かつて、このドーム右側に線路が敷かれ、ドーム内は列車を乗下車した人が行き来していた。稚内桟橋《さんばし》という駅のホーム部分を覆っていたドームなのだ。この稚内桟橋駅は一九三八（昭和一三）年十月の開業で、この防波堤ドームも同年に竣工している。

当時、稚内桟橋駅で下車した乗客は、このドーム内を歩いて樺太《からふと》（現・サハリン）の大泊《おおとまり》（現・コルサコフ）に向かう船に乗り込んでいた。日本領だった樺太への稚泊《ちはく》航路という鉄道連絡船に乗り換えるための駅だったのだ。

稚内桟橋駅ができる前にも、ほぼ同じ場所に稚内港駅があった。しかし、このドームがなかったため、港に吹き付ける風と高波を受けての乗り継ぎとなっていたそうだ。

それほど、ドームの完成は画期的だったのだが、終戦により稚泊航路が廃止されたため、駅そのものも終戦から一〇日後の一九四五（昭和二〇）年八月二五日に廃止となった。わずか七年あまりの使用だったことになる。

ギリシャ神殿を彷彿させる、堂々たるドーム内

63

お洒落な待合室のある駅

# 下吉田駅

●富士急行大月線
●山梨県富士吉田市

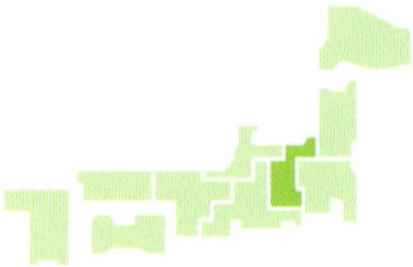

広々とした待合室には、木製のお洒落な椅子とテーブルがある。その木の色に壁の色が合わせてあり、額の中には富士山のシルエット画が描かれている。額の下にある長椅子の背もたれも、富士山の稜線《りょうせん》をイメージしているという。

このお洒落な待合室は、富士急行の下吉田駅だ。富士急行は、世界文化遺産に登録された富士山観光で近年賑わっている鉄道だ。

下吉田駅は一九二九（昭和四）年の開業で、この建物も当時から大切に使われている。それを二〇〇九（平成二一）年にリニューアルして、このような待合室にした。建物内に隣接して下吉田倶楽部という喫茶室があり、これまたお洒落だ。

駅舎は建築当時、東洋一と謳《うた》われた名古屋駅を模して建てられたというが、いまやJR名古屋駅は建て替わっているので、記憶がないと比べることが難しい。

駅構内には、下吉田ブルートレインテラスと称する寝台特急「富士」に使われていた寝台客車の展示や、富士急行がかつて使用していた貨車の展示などもあり、列車利用者は無料で見学ができる。（一〇～一六時・第一月曜日休園）

開放感のあるお洒落な待合室の下吉田駅

かつての国鉄名古屋駅を模したという駅舎外観

64 トラス橋内の駅

# 土佐北川駅

●JR四国土讃線
●高知県長岡郡

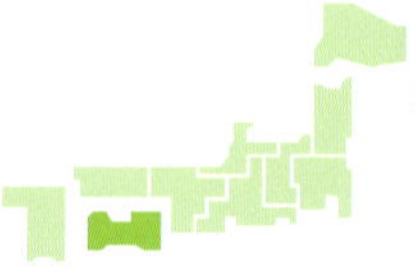

日本には、さまざまな橋上駅があるが、トラス橋のなかに島式ホームがあるのは、ここ土佐北川駅だけだろう。

幾何学的なトラス橋は、見ているだけで美しいものだが、そこから穴内川《あなないがわ》の渓谷美が眺められることで、より一層美しさが引き立つ。

ホームは五両分あるが、やってくる列車は一〜二両編成だ。橋上の有効長はもっとあり、ホーム延伸ができるようにしてあるようだが、残念ながらその必要は無さそうだ。

川の流れとトラスの建築美を眺めていると、単行のディーゼルカーがやってきた。この列車に乗って、土佐北川駅を後にする。

立派なトラス橋内にある土佐北川駅

# 第6章

# 伝統的建造物の駅

# 旧大社駅

●旧ＪＲ西日本大社線
●島根県出雲市

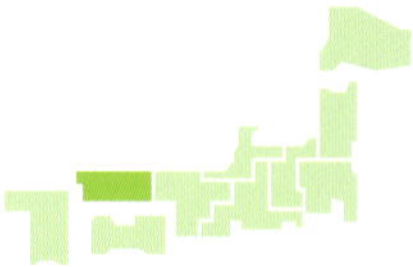

重厚なこの建物は、重要文化財に指定されている旧大社駅だ。

かつて、出雲大社への参詣者を迎えるために国鉄大社線があった。その終点で、続々と押し寄せる団体客に対応するため、十分な大きさと風格をもった駅舎が造られたのだ。それだけに、一九九〇（平成二）年に大社線が廃止されたあとも、駅舎と駅構内が残された。

文化庁がこの旧大社駅本屋を重要文化財に指定したのは二〇〇四年のこと。一九二四（大正一三）年に建造されてから、ちょうど八〇年となる年だった。

その外観は純和風で、幾重にも重なる千鳥破風《はふ》がみごとな造形美を見せている。破風には懸魚《げぎょ》が付けられ、大棟両端には鴟尾《しび》が載っている。本格的な神社建築の手法だが、正面入口の破風に動輪をかたどった鬼瓦が載っているところは、さすがに旧国鉄の建物だ。

これら外見からわからないのが、この駅舎が平屋建てということ。建物内に入ると、高い天井はあるものの二階以上がないことに気づく。混雑する駅舎内で、頭上に余裕があると精神的なゆとりが生まれることを考えての設計であろう。その高い天井からは、大正ロマンを感じさせる和風シャンデリアが吊されている。

「観光案内所」となっている元きっぷ売場は、その造作に建築時の力の入れようとセンスの良さを感じさせる。その上にある明かり採りは、障子戸をイメージしたのか、建物内部のデザイン統一感によく寄与している。

通常、この手の建物は正面から見た時だけを考えて建てられるが、旧大社駅は、ホーム側から見たときにも、その威厳のある形を損なわずに見せてくれる。手抜

幾重にも連なる屋根瓦がみごと

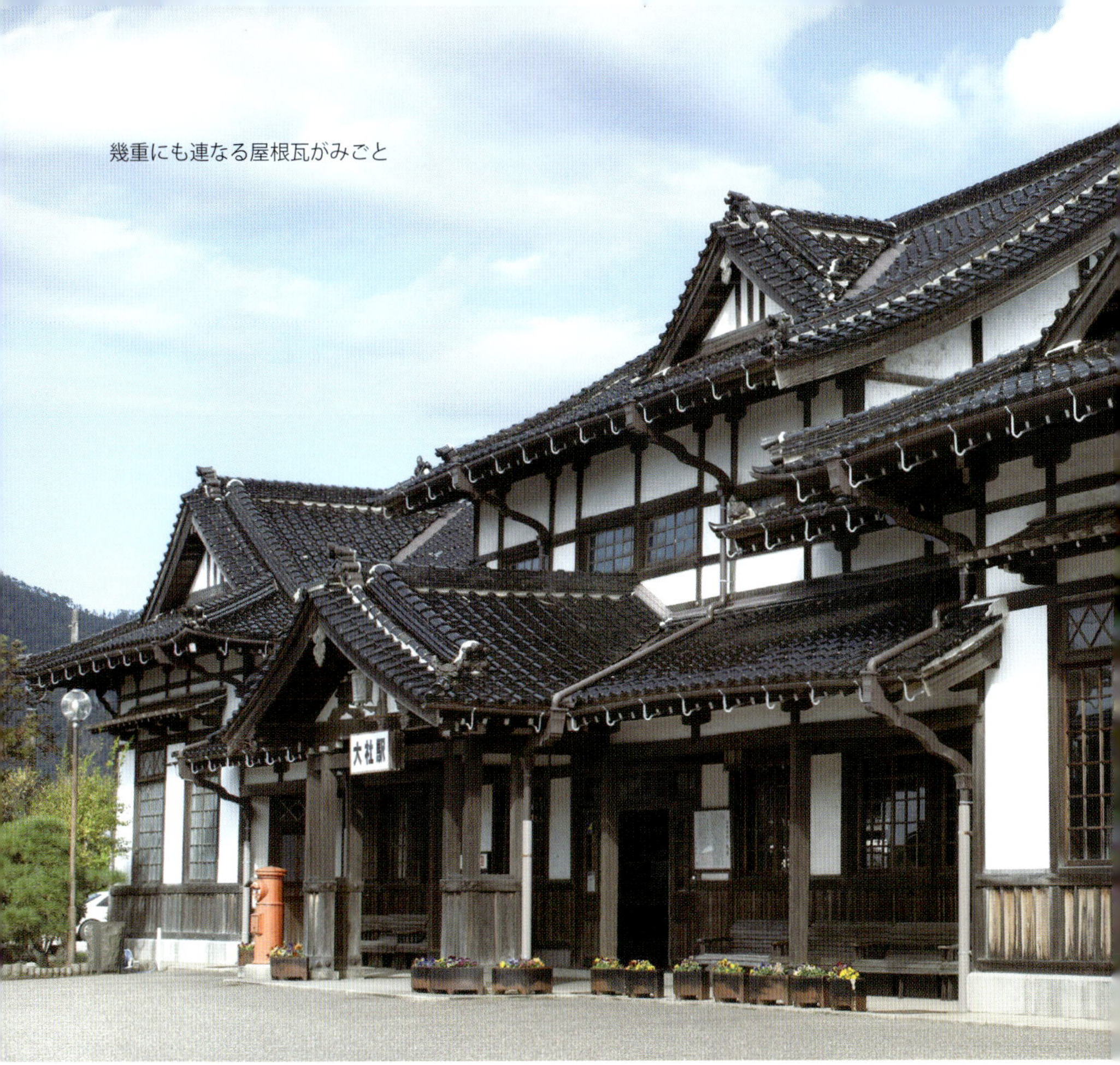

きされていないのだ。
知れば知るほど、じっくりと鑑賞したくなる木造駅舎だ。

この大きな建物が平屋建てというのは意外。それだけに天井が高い

## 曳家工法で残した駅

# 旧奈良駅

●JR西日本関西本線
●奈良県奈良市

JR奈良駅は№20で紹介したが、それは三代目となる現役駅舎だ。先代となる二代目の奈良駅は、一九三四（昭和九）年に建造された寺院風の立派な駅舎だった。その存在感は大きく、奈良市が引き取って、取り壊すことなく保存することにした。とはいえ、和風様式を取り入れてはいるものの、鉄骨鉄筋コンクリートの建物なので、移築は容易でない。検討の結果、なんと、曳家《ひきや》工法でここまで移動させたのだ。

屋根の上には相輪があり、寺院建築を極力取り入れたことがわかる

　曳家工法は、かつて石の上に組んでいた日本家屋でよく見られた、家屋の移転方法だ。家屋の下に丸太などを置いて、ゴロゴロと転がしていく。しかし、駅舎ともなると、その大きさ、重さからして簡単にはいかない。駅舎をジャッキで持ち上げたあと、床下に多数の移動用台車

堂々たる寺院建築の意匠を用いた旧奈良駅。左奥に、現ＪＲ奈良駅が見える

を挟んでいく。その台車が、あらかじめ敷いてあるレール上を移動することで曳家をしたという。

旧奈良駅舎の場合、総重量が三五〇〇トンあり、二〇〇四（平成一六）年五月一一日から一四日までの四日間をかけて、反時計回りに約一三度回転させながら、北の方へ約一八メートル移動させた。

いま、旧奈良駅はＪＲ奈良駅の北東にあり、奈良市総合観光案内所として活用されている。

鉄骨鉄筋コンクリート造りながら、木造寺院を模した造形が見事だ

# 湯野上温泉駅《ゆのかみおんせんえき》

●会津鉄道会津線
●福島県南会津郡

茅葺《かやぶ》きの屋根は、いまや茅の調達から職人の確保まで簡単ではないという。建築費も高いし、完成したらそれでお終《しま》いでもない。虫除けと漏水防止のため、毎日囲炉裏《いろり》でたき火をして、煙で内側からいぶし続ける必要があるのだそうだ。

それほど手間がかかるものだけに、本格的な茅葺き屋根の駅舎は、ここ湯野上温泉駅のみとなっている。これも、江戸時代の宿場町をいまに伝える大内宿の最寄り駅だからだが、この駅舎そのものも今や観光名所となっている。

駅ホームから駅舎を眺めると、背後の山の緑とよく調和している。伝統的な工

法・素材は、やはり自然との相性が良いのだろう。

駅舎内に入ると、囲炉裏を焚いた煙の匂いが気持ちよく、囲炉裏まわりはふと座り込んでしまうほど、自然な安心感がある。

田舎で代々受け継がれた家屋に来たように見えるが、これで現役の駅舎だ

茅葺き屋根と新緑の木々は、不思議なほどよく調和している

# 恵比島《えびしま》駅

●JR北海道留萌本線
（明日萌駅）
●北海道雨竜郡

NHK朝の連続テレビ小説に、北海道を舞台にした「すずらん」という番組があった。一九九九（平成一一）年の放映で、明日萌《あしもい》という架空の駅を舞台にした。その口ケには、留萌《るもい》本線の恵比島《えびしま》駅を使った。

ところが、恵比島駅の駅舎は当時すでに取り壊されていたので、口ケに使われたのは、あたかも昭和時代からあったかのような口ケ用に建てた駅舎だった。その駅舎が、いまも恵比島駅として使われている。

番組放映から二〇年近くになろうとしているが、いまも外観だけでなく、駅舎内の口ケセットもそのまま残され、見学ができるようになっている。駅前にも、「駅長の家」「中村旅館」が口ケ時のまま残っている。

いま気になるのは、駅舎そのものではなく、その先にある線路に廃止の話が出ていることだ。

ホームは「恵比島」駅の駅名標だが、背景との違和感がない

上：いまも「明日萌驛」の駅名標が掲げられている恵比島駅

下：駅舎内もロケ時のまま保存されているばかりか、人形が置いてありリアルだ

# 幾寅駅《いくとら》

●JR北海道根室本線
●北海道空知郡

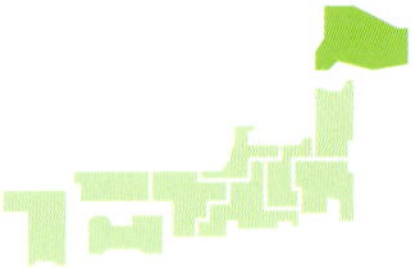

前記、連続テレビ小説とほぼ同じ頃に、映画でも北海道の鉄道を舞台にしたヒット作があった。故・高倉健主演の「鉄道員（ぽっぽや）」だ。

こちらは、根室本線の幾寅《いくとら》駅を「幌舞《ほろまい》駅」とし、やはりロケに使った駅舎をそのまま保存して公開している。駅舎内にはロケ関連のものを展示するコーナーがあり、映画ファンがいまも三々五々に訪れている。

ホームの外れには、ロケに使用した腕木信号機も残っているが、こちらには気づかない人も多いようだ。

なお、映画では終着駅として描かれていたが、実際には、両隣に駅があるホーム一面、線路一本の通過ができる駅だ。ただし、二〇一六（平成二八）年の台風被害で不通となってしまい、その後、列車は走っていない。どうやら、再び列車が走る日が来ることはなさそうだ。

幌舞駅舎内にある、幌舞駅コーナー。実際にロケで使われた物などが展示してある

「鉄道員（ぽっぽや）展示会場」となっている幌舞駅舎

幾寅駅下り方向に残る腕木信号機と、入線してきた定期列車。この様子はもう見られないかも

# 中央弘前駅

●弘南鉄道大鰐線
●青森県弘前市

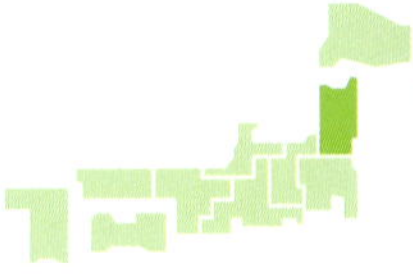

弘南鉄道の中央弘前駅は、町中にあるにもかかわらず、その場所が実にわかりにくい。

同じ弘南鉄道でも、弘前駅はJR弘前駅と隣接しているが、これらの駅と中央弘前駅は一キロほど離れている。もともとこちらが町の中心地に近いので、中央弘前という駅名になったのだろうが、大きな道から少し入ったところにあり、何度行っても地図がないとたどり着けない。

それだからということはないと思うが、懐かしさいっぱいの駅舎が今日も活躍している。その駅舎には、横幅いっぱいに「大鰐《おおわに》線 中央弘前駅」と記され、入口にも「中央弘前駅」の看板がある。その傍《かたわ》らには自転車が停めてあり、反対側は飲食店になっている。かつて、地方の駅ではよく見かけたパターンだ。

駅舎に入り、窓口の上にある掲示を見て、またまた懐かしさを感じる。「携帯品一時預かり所」とともに切手・印紙等の販売所とも記してあるのだ。コインロッカーが普及して、一時預かりはいまやほとんどお目にかからなくなった。都会の大きな駅や観光地の駅だと、コインロッカーの数が追いつかずに一時預かりをしているケースがあるが、ここは始発駅とはいえ、日中一時間に一本しか列車が走らないローカル線の駅だ。

さらに、新聞とたばこまで取扱い品目として記されているのは、かつての地方有人駅で見られた光景だろうか。筆者には記憶がない。

その右側に掲げてある「危険品持込禁止」の掲示も、かなり年季が入っていそうだ。

思わず「がんばれ!」と呟《つぶや》いてしまった。

昭和時代によく見たたたずまいの、中央弘前駅

掲示物に目が釘付け……

# 津軽五所川原駅《つがるごしょがわら》

●津軽鉄道津軽鉄道線
●青森県五所川原市

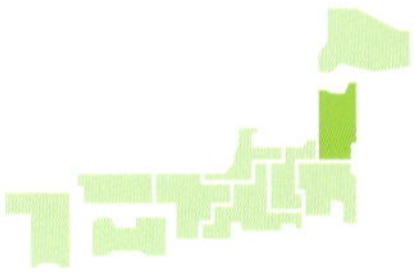

ストーブ列車で知られる津軽鉄道は、JR五能線の五所川原《ごしょがわら》駅に隣接する地に、津軽五所川原駅を構えている。

その駅舎内が実に昭和レトロで良い雰囲気だ。

飾り気がなく、それでいてよく手入れがされている。その雰囲気が気に入って、発車時刻が近づいているにもかかわらず、思わずカメラを出して撮影してしまったほどだ。

夢中でシャッターを切り、ホッと一息ついてファインダーから目を離したとき、視線の端になにやら見えた。なんだろうと思って振り向くと、女子高校生たちがこちらを見てVサインをしている。慌ててカメラを向けたら、彼女たちは一瞬躊躇。でも、声を掛けてみたら、またにこやかにVサインをしてくれた。津軽鉄道の沿線にある青森県立五所川原農林高等学校の学生たちのようで、同校で作った商品を「五農農業会社」として販売しているのだ。

少し話を聞きたかったものの、発車時刻が迫っていたので、シャッターを押しただけでその場を後にせざるを得なかった。素朴な女子高校生たちが似合う駅舎、好印象がさらに増した。

昭和レトロ感満載の津軽五所川原駅待合室

五農農業会社の売店は、駅舎内にある

# サブカル人気の一翼を担う駅

## 西岸《にしぎし》駅

●のと鉄道七尾線
●石川県七尾市

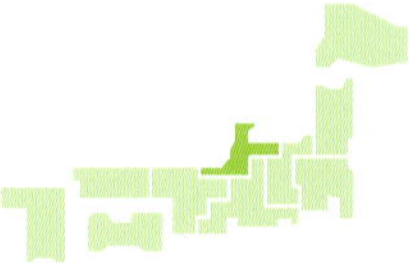

コミックとアニメで人気の『花咲くいろは』好きに、「湯乃鷺《ゆのさぎ》駅」として知られているのが、のと鉄道の西岸《にしぎし》駅だ。同作の舞台としていることから、聖地巡礼と称して若者が訪れる駅となっている。

『花咲くいろは』のストーリーには湯乃鷺温泉がでてくるが、これは同じ石川県でも金沢の南東にある湯涌温泉を舞台にしているという。

そんな聖地巡礼者のために、駅名標は正規の「にしぎし」駅に加えて「ゆのさぎ」駅もホーム上に用意してある。木造駅舎は手入れが行き届き、駅前も整備されている。

サブカル人気の一翼を担う駅として、受け入れ体制もしっかりしていると見えた。

には「急行ゆのさぎ」ヘッドマーク、「七尾←湯乃鷺→穴水」サボなどもある

典型的な木造駅舎の西岸駅

ホームには「ゆのさぎ」と
書かれた駅名標も

# 西岩国駅

●JR西日本岩徳線
●山口県岩国市

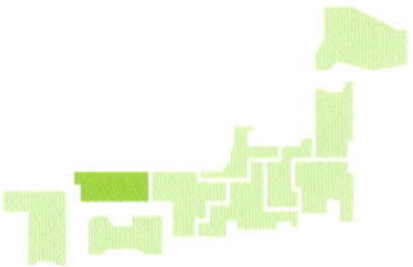

西岩国駅は、一九二九（昭和四）年の開業時には岩国駅を名乗っていた。

岩国の中心地に近かったうえ、名勝指定されている木造の太鼓橋「錦帯橋《きんたいきょう》」の最寄り駅でもあったからだ。そのときにできた駅舎がいまも使われているが、車寄せ部分の意匠は錦帯橋をイメージしたものと言われている。

一九三四年に岩徳線《がんとくせん》が山陽本線の短絡線として全通すると、この岩国駅経由の岩徳線が山陽本線となった。このため、駅舎が立派なだけでなく、ホームも長い列車が止まれるようにできている。

ところが、次第に町の中心は現・岩国

かつての幹線駅の風格をもつ、西岩国駅

駅の方に移ったため、一九四二年に駅名が西岩国駅となる。さらに、山陽本線を複線化するに際して、西岩国を通る線路は勾配《こうばい》がきつくトンネルも多いとして、海岸線を柳井経由で通るルートを再び山陽本線とすることになった。このため、戦時中の一九四四年に、西岩国駅を通る線は岩徳線となった。

開業五〇周年の一九七九年になると、西岩国駅は歴史的駅舎だとして保存が決定する。その際に、開業時の様子に戻している。このことで、いまもかつての幹線駅を観察できる駅舎となっている。

なお、無人駅となった二〇〇四（平成一六）年に、駅舎は岩国市に譲渡された。その二年後に、同駅舎は国の登録有形文化財になっている。

「錦帯橋」の刻印がある待合室の椅子は、かつて錦帯橋で使われていた部材の再利用品だ

ホーム上屋は伝統的な木造建築。かつての長大編成対応の長いホームも見物

# 鳥《と》栖《す》駅

●JR九州鹿児島本線
●佐賀県鳥栖市

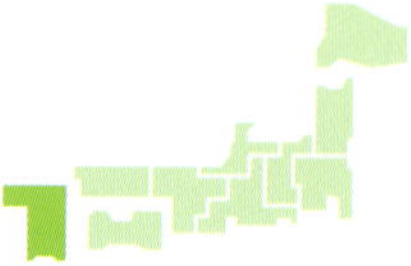

渋い、歴史を感じさせる駅舎だ。華美ではなく、それでいて正面出入口には三角屋根と時計を備え、装飾も施されているなどこだわりを感じる。屋根の煙突は、かつての上等待合室にあった暖炉が使っていたものだ。いまはJR九州系のパン屋さんの店内に位置する暖炉だが、その本体はしっかりと現存し、同店を利用すると直《じか》に見ることもできるという。

建造された時期は一九〇三(明治三六)年と一九一一年の二説があるが、いずれにしても百年以上を経ている明治期の建築物で間違いないようだ。

ホームも駅舎と同じく時代を感じさせる鉄骨造りで、使われている古レールも興味をそそる。

いま、鳥栖《とす》市では駅舎の改築を検討中で、現駅舎をどうするかは決まっていないようだ。新駅舎ができたときに、現在地から撤去される可能性が高いようだが、石炭で栄えた時代の歴史を今に伝える建物だけに、何らかの形で後世に残していくことが期待される。

時計回りをみると、手間をかけた凝った装飾類が見られる

古レールを多用したホーム屋根。こちらも年代物だ

落ち着いた、そして堂々とした
構えの鳥栖駅舎

# 極楽寺駅《ごくらくじ》

●江ノ島電鉄江ノ島電鉄線
●神奈川県鎌倉市

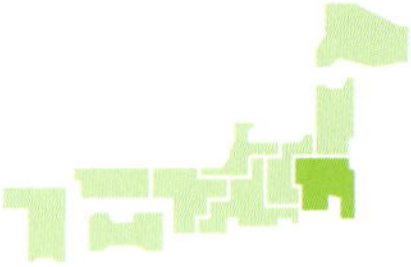

〝江ノ電〟と呼んで親しまれている江ノ島電鉄は、駅それぞれに個性があり、旅行雑誌やテレビ、映画のロケにもよく使われている。そのなかで、ホッと一息つける、落ち着いたイメージなのがここ極《ごく》楽寺《らくじ》駅だ。

簡素な駅舎で、これといった特徴があるようには見えない。それでいて、いつも何か落ち着いた安心感を抱き、惹き付けられてきた。どうしてなのか不思議だったのだが、何度か行って気づいた。どうやら、駅前にある赤い丸ポストの存在が重要なのだ。

渋くまとまった駅舎はそれなりにあるが、駅前とのバランスが良いところは意外に多くない。その点、極楽寺駅は、駅前に石段と石畳が続き、アクセントとしてほど良い場所に丸ポストがあるのだ。

その先は、交通量の多くない、そしてさほど広くもない道。つまり、騒々しくもないのだ。これらが相俟《あいま》って、ほどよい居心地を感じられるのだろうと納得した。

こぢんまりとした駅舎に続く石の階段と石畳、その傍らには丸ポスト

# 第7章

# 今はなき駅たち……モノクロの世界

# 登川駅

●国鉄夕張線登川支線
●紅葉山〜登川七・六キロ
●北海道夕張市
●一九八一年七月一日廃止

かつての国鉄夕張線は、追分駅〜紅葉山駅〜夕張駅の本線と、紅葉山駅から別れて楓《かえで》駅・登川駅の二駅だけの支線からなっていた。どちらも炭鉱から石炭を積み出すためにできた路線だ。

登川支線の二駅にはともに炭鉱があったものの、規模が小さかったようで、早い段階で貨物列車はなくなり、旅客列車もディーゼルカーが単行で走るだけの路線となっていた。それでも、訪問時には一日七往復と、いまにして思えば運転本数が多かった。

帰宅する人たちとともに乗った列車は夕暮れ時の便で、あいにくの天候だった。登川駅に着いて全員が下車すると、折り返しの列車に乗車するのは自分だけ。その折り返し時間を利用して、深閑とした駅前で写したのがこの一枚だ。

駅舎も列車内も明かりが輝き、ディーゼルカーのゴロゴロというエンジン音が雨音とともに静けさの中に溶け込んでいくようなひとときだった。

翌年の石勝線開業で、夕張線は石勝線と名称変更となり、紅葉山駅は新夕張駅に駅名変更した。楓駅は近くの新駅に移行したものの、登川駅は廃止となった。

※楓駅もその後に廃止となっている。

深閑とした山あいに、かすかな雨音とともにディーゼルカーのエンジン音が響く（1980年8月18日撮影）

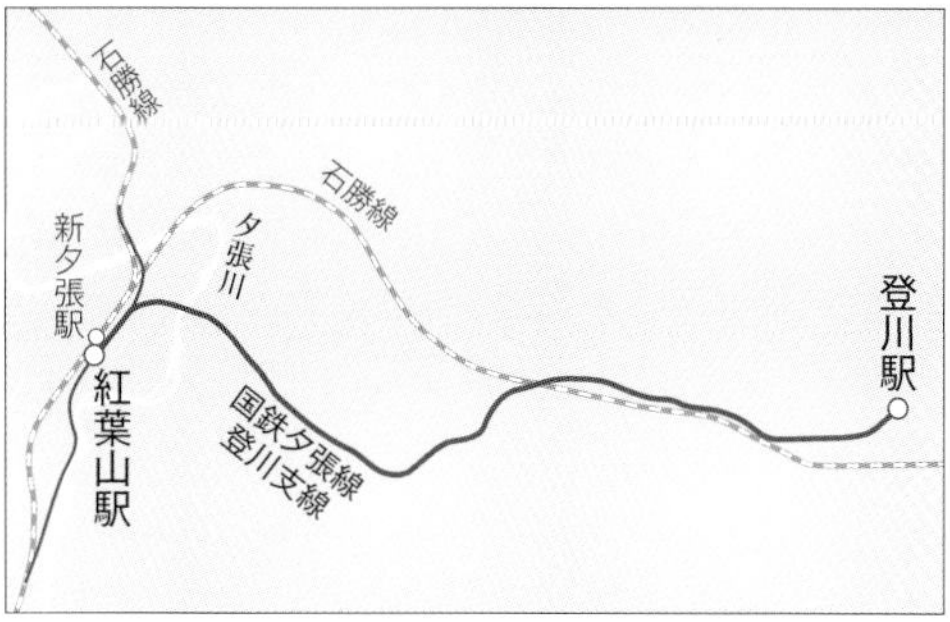

77

# 盛田牧場前駅

●南部縦貫鉄道
●野辺地～七戸二〇・九キロ
●青森県上北郡
●一九九七年五月六日休止、二〇〇二年八月一日廃止

素朴な木製ホームに木製待合室があり、それらを見守るように防雪林が聳《そび》える。そこを走るのは、全国でもここだけに現存するレールバス。

そんな写真を見て、あこがれをもって訪ねたのが、ここ南部縦貫鉄道の盛田牧場前駅だった。

大学の夏休みを使った東北旅行で、夜行列車を降りてまず向かったのは十和田観光鉄道だった。終点の十和田市まで乗り、バスに乗り継いで七戸《しちのへ》に向かう。七戸駅に着いたのは、たしか午前一〇時過ぎだったと思う。ところが、八時五〇分発の次は一二時五〇分発と四時間も列車がない。夜行連泊の疲れが出て、待合室に誰もいないのを良いことに、長椅子で横になって眠りこけた。

ふと目覚めると、いつしか窓口が開き、駅員さんが不審者である私を睨んでいる。それはそうだろう、小汚い格好で勝手に待合室で寝ているのだから。慌てて切符を求めるが、その行先は盛田牧場前駅まで。わずかひと駅二・五キロだ。

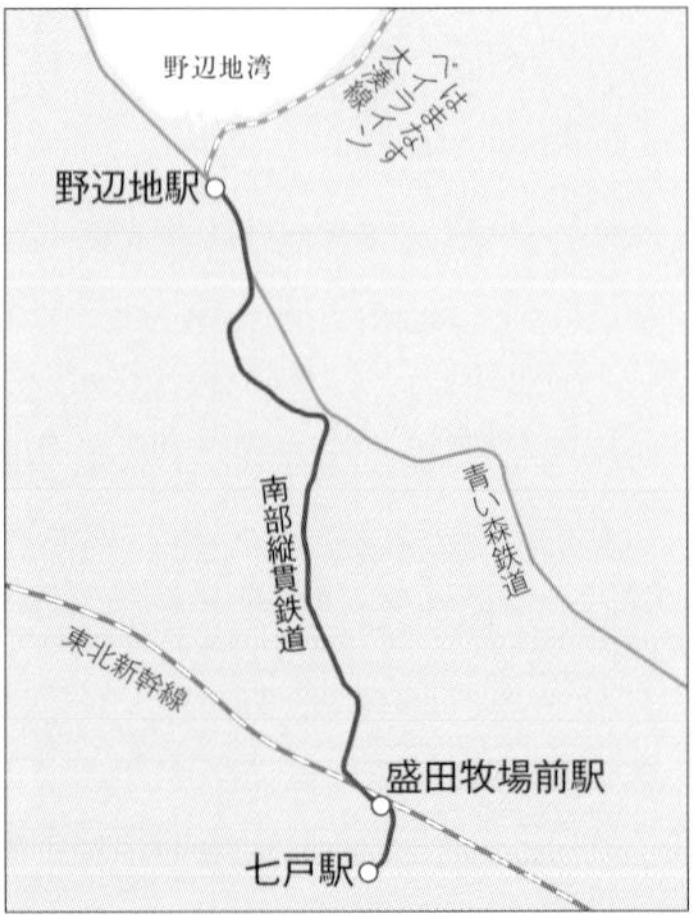


やがて、あこがれのレールバスに初乗車する。川を渡り、森の中に分け入るや、目指す盛田牧場前駅があった。駅にはなぜか若い男女がいて、レールバスが走り去るのを見送るが、すぐに車で去って行った。それから、レールバスが戻ってくるまでの約二時間、やる

その光景に憧れて下車した盛田牧場前駅。レールバスが発車していく（1979年8月12日撮影）

こともなく炎天下で待った。幸い、待合室があったので直射日光は避けられたものの、やたらと苦しくて、ここにきたことを後悔した。いま思えば、熱中症にかかったのだろう。

そんな苦悶《くもん》のなか、ようやく野《の》辺地《へじ》から戻ってきたレールバスを写したのが、この写真だ。それも、去りゆくところだ。ホームとレールバスを一緒に撮ろうと思うと、乗ることができなかったのだった。

78

# 岩手石橋駅

- 岩手開発鉄道日頃市線
- 盛～岩手石橋九・五キロ
- 岩手県大船渡市
- 一九九二年四月一日旅客営業廃止

三陸海岸にある盛《さかり》駅から、内陸に線路が延びる岩手開発鉄道。

いまは貨物専用鉄道だが、かつては盛駅～岩手石橋駅間で旅客輸送も行っていた。

ただし、一日五往復のうち二往復は、途中の日頃市《ひころいち》駅止まりだ。

当時、大船渡《おおふなと》線を延長する形で盛線の盛駅～吉浜駅間が開業していた。いま三陸鉄道南リアス線となっている区間だ。その終点吉浜駅近くの民宿に泊まり、翌朝一番の列車で盛に向かうが、岩手開発鉄道の一番列車には間に合わず、次の列車は日頃市止まりとなる。

日頃市から終点の岩手石橋駅まで、貨物列車を撮影しながら真夏の道を歩いた。

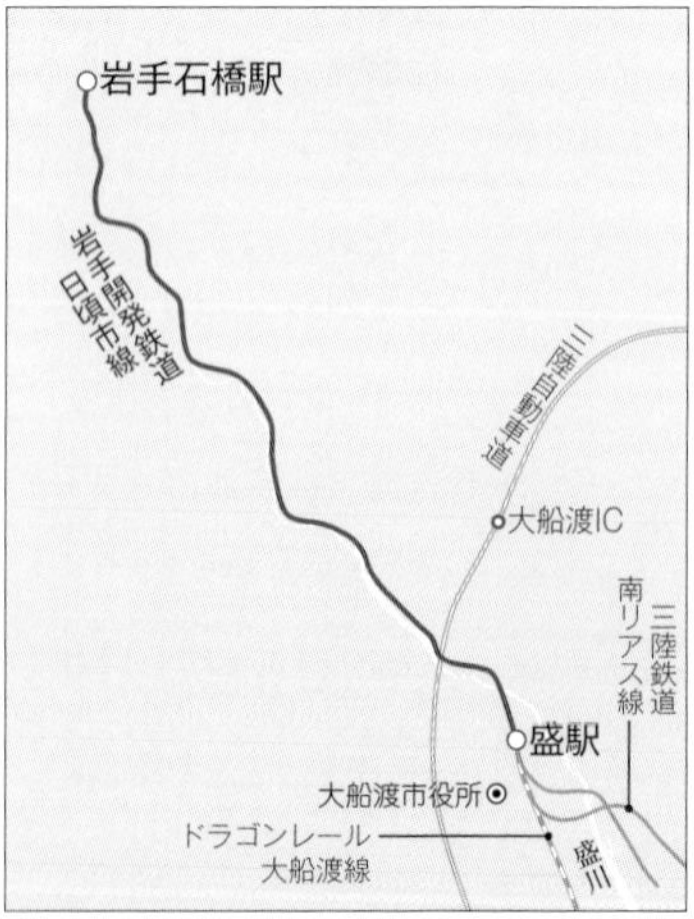


やがて到着した岩手石橋駅は、線路がいったん駅前を通過して、スイッチバックして駅に入ってくるという珍しい構造をしている。その様子を撮影していると、駅員に手招きされた。なにか悪いことでもしたのかなと恐縮しながらその方のところに行くと、駅員詰め所を指して「さぁ、中に入って」と一言。恐る恐る中に入ったら、市販のかき氷を冷蔵庫から出してきて、「どうぞ」とニッコリ。

どこから来たのかなどの世間話をしつつ、日陰の駅員室で旅客列

かき氷をいただいたあとで写した、スイッチバックして入線してきた列車（1979年8月15日撮影）

車が来るまで休ませていただいた。

　まだ地方鉄道を撮影している人が多くない時代で、駅員室に入れていただく機会もあったが、このときのかき氷の清涼感は他に代えがたい嬉しさだった。

# 県庁前駅

●新潟交通軌道線
●県庁前～東関屋鉄軌分界点二・二キロ
●新潟県新潟市
●一九九二年三月二〇日廃止

年代物の建物の傍らに、電車がポツンと停まっている。

ここは、かつて鉄・軌道線を運行していた新潟交通の県庁前駅だ。

新潟交通は、この県庁前から軌道線として道路の傍《かたわ》らを走り、国鉄越後線の高架下をくぐってから鉄道線になっていた。さらに信濃川を長い鉄橋で渡るが、その付近からの廃線跡は、いま整備されて歩行者・自転車道となっている。

県庁前駅近くにあった新潟県庁は移転し、その跡地は新潟市役所となった。その際、新潟交通は県庁前駅を白山前駅と改称している。それもつかの間、道路交通の邪魔だとして、軌道線は廃止になる。

すると、関屋で越後線に乗換ができる

とはいえ、行先は新潟駅となる。新潟の繁華街は、この県庁前駅に近い古町付近ということもあって、需要に合わないルートとなった。結果、新潟交通は段階的に縮小のうえ、ついに鉄軌道を全廃した。

いま、軌道区間の廃線跡を、新潟駅から直行するＢＲＴ（Bus Rapid Transit＝バス高速輸送システム）が走っている。バス用の専用車線があり、頻繁運転をする中量輸送システムのことだ。かつて、新潟交通が目指していた繁華街を経て新潟駅に直行する夢を、いまバスが実現したといえよう。

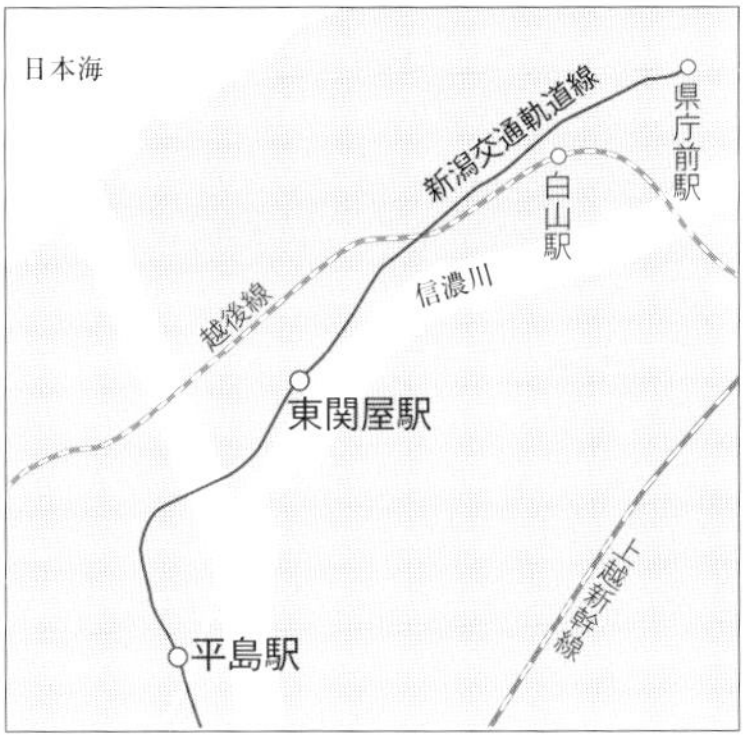

渋い年代物の、それでいて風格のあった、かつての県庁前駅（1983年9月10日撮影）

80

# 大甕《おおみか》駅

- ●日立電鉄日立電鉄線
- ●常陸太田～鮎川一八・一キロ
- ●茨城県日立市
- ●二〇〇五年四月一日廃止

日立電鉄は、日立製作所が四六・五%、日立市が六・〇%を出資していた日立製作所のグループ企業だった。沿線に日立製作所のグループ企業・関連企業が点在するため、その足の確保という意味があったのだろう。

路線は、常磐《じょうばん》線の日立～常陸《ひたち》多賀の中間付近にある鮎川駅から常磐線沿いを南下して、大甕《おおみか》駅で常磐線と接続する。その後、内陸部へと方向を変え、水郡線の常陸太田駅に至っていた。

このため、路線途中の大甕駅がターミナル駅という、やや風変わりな鉄道でもあった。

その大甕駅で国鉄から乗り換えて、ホームでスナップ写真を撮ったときの一枚がこれだ。左奥が、国鉄常磐線の大甕駅である。

なにやらひょうきんな父親がポーズをとっているが、なぜか全く記憶にない。

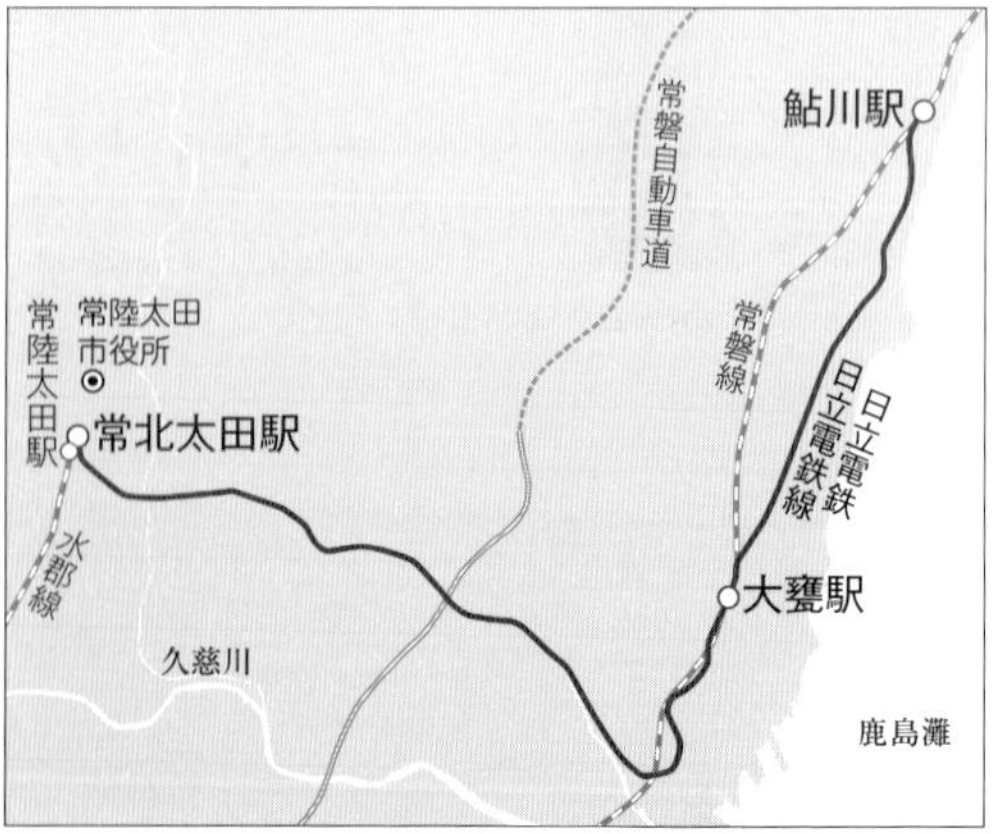


健康そうな息子さんの笑顔が印象的だ。

その奥にある売店は、いまのコンビニ売店とは大きく異なり、よろず屋さん風なところがおもしろい。日立グループの鉄道でありながら、駅名標の公告が「ナショナル家庭電気製品販売店」とな

よろず屋さん風のホーム売店が営業をしていた日立電鉄大甕駅（1983年11月13日撮影）

っているところも、当時のおおらかな企業風土が感じられる。

81

# 三保駅

- ●国鉄清水港線
- ●清水〜三保八・三キロ
- ●静岡県静岡市
- ●一九八四年四月一日廃止

清水港線は、人口が多い静岡県の清水市（現・静岡市）にありながら、国鉄末期には列車本数が一日にわずか一往復だけの盲腸線だった。それも、終点となる三保駅に朝八時三五分に着いた後、復路は一六時一四分発となる。並行するバス路線があるとはいえ、朝の列車には首都圏からでも乗りにくく、夕方の列車に乗るしかなかった。

その終点だった三保駅は、平屋の素朴な駅舎だった。

一日一往復では無人駅で当然と思うが、もともと貨物列車のための路線だったので、駅員がいた。窓に団体募集の張り紙があるから、集客にも力を入れていたのだろう。駅前には使わなくなった腕木信号機が飾られているが、羽衣伝説で知られる景勝地「三保の松原」が近いにもかかわらず、当時から鉄道で訪れる人はいなかったようだ。

駅員は、雨樋の様子を見ているのだろうか。駅舎内の待合室には、列車を待つ若者の姿も見える。屋根上の煙突から察するに、温暖な地でありながら、業務用の大きなストーブを使っていたのだろう。

やがて走る夕方の列車を、私は沿線で撮影し、バスで清水駅に戻った。乗りたかったものの、乗ると写真を撮れず、撮ると乗れず。これがジレンマの路線でもあった。

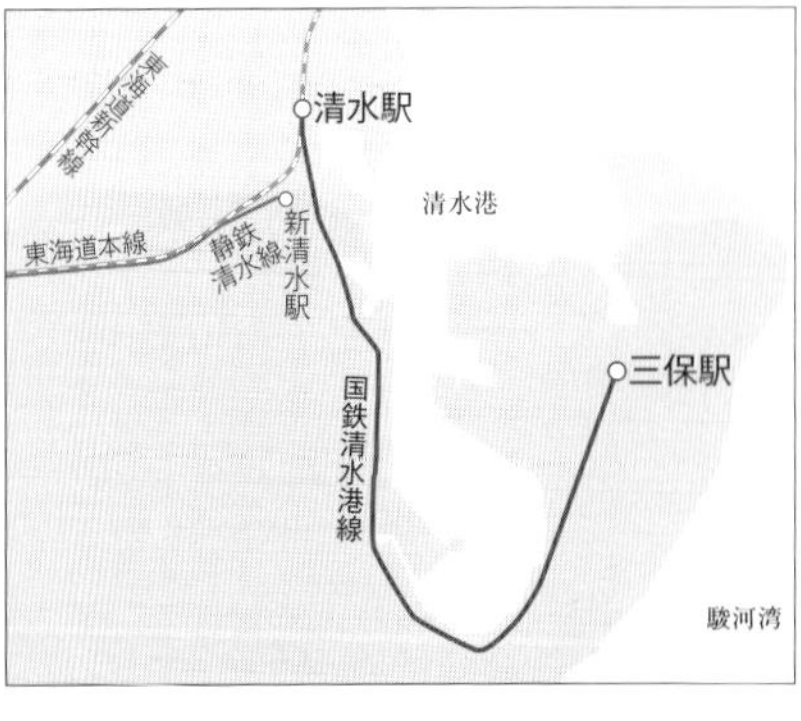

素朴ながら手入れが行き届いていた、清水港線の終点三保駅（ともに1984年１月29日撮影）

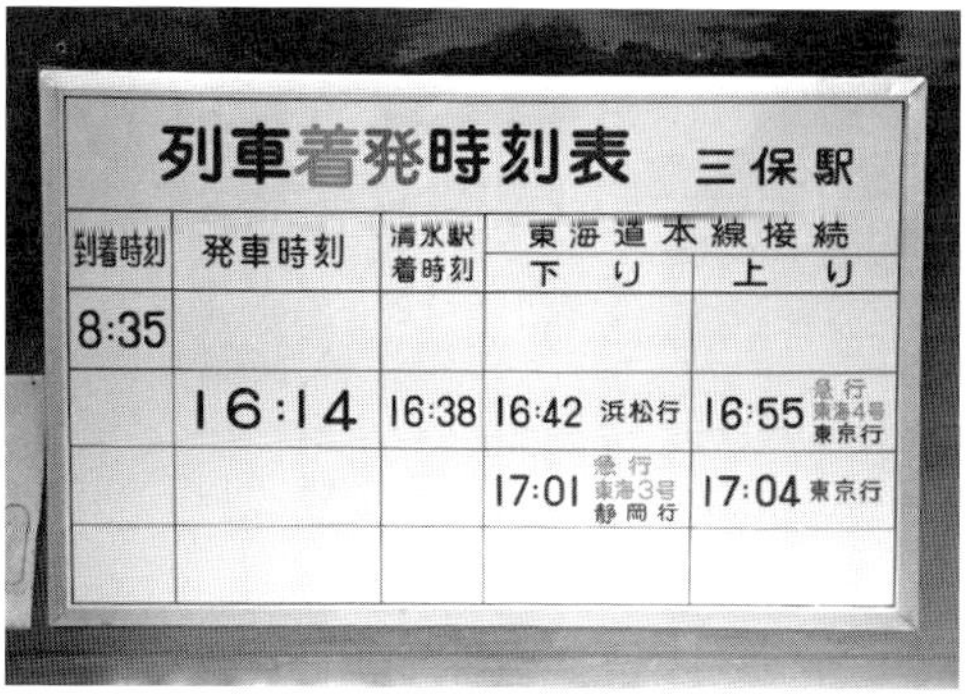


駅舎内の時刻表は、着発の各一本よりも、清水駅での接続列車案内に重きを置いている

82

# 飛田《とびた》電停

●南海電気鉄道平野線
●今池～平野五・九キロ
●大阪府大阪市
●一九八〇年一一月二八日廃止

南海平野《ひらの》線は、現・阪堺電気軌道の阪堺線今池電停の南側から東へ分岐し、同上町《うえまち》線とは阿倍野《あべの》電停の南側で交差し、現・大阪市営地下鉄谷町線に沿った経路で大阪市南西部の平野に至っていた路面電車だった。

　阪堺線から分かれ、平野線に入って最初に停まるのが飛田《とびた》電停だ。かつての飛田遊郭、いまの飛田新地がまず頭に浮かぶ地名だが、まさにその最寄り電停だった。そんな下町を感じさせる、当時としても戦後日本の雰囲気が色濃く残る一帯だった。

　この写真は、平野線の営業最終日まであと半月強という日に撮影した。すでに廃止に向けた作業がはじまっていたのか、作業員の姿が見える。ホーム上には、いかにも地元という風情の人々が到着した電車に乗ろうとしている。車内は立ち客がいるほど盛況なようだ。その電車の後方では、廃止間際の電車を記録しておこうとするカメラマンの姿も見える。

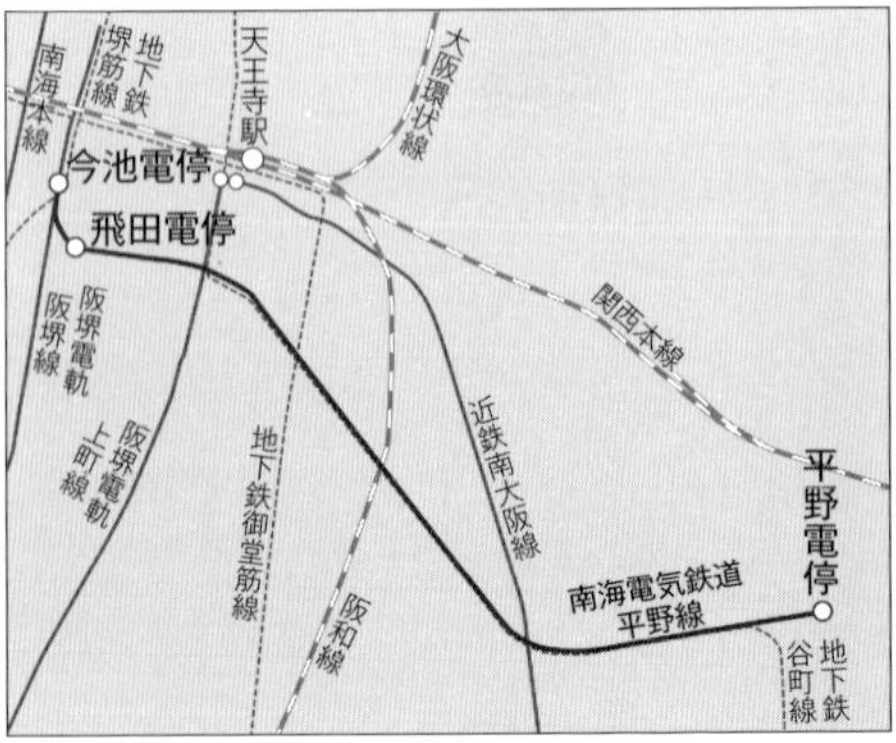


　同月二七日、大阪市営地下鉄谷町線の天王寺駅～八尾南駅間が開通し、この平野線は廃止と

戦後日本の雰囲気が残っていた飛田電停付近の様子（1980年11月9日撮影）

なった。華やかなバブル経済まであと六年に迫った時期だった。

# 北山駅

●野上電気鉄道野上線
●日方〜登山口一一・四キロ
●和歌山県海南市
●一九九四年四月一日廃止

和歌山県には、昭和末期に三つの私鉄があった。和歌山市から近い順に、野上《のがみ》電気鉄道、有田《ありだ》鉄道、紀州鉄道の三社だ。このうち紀州鉄道はいまも健在だが、残る二社は廃止された。そのうち有田鉄道は、終点だった金屋口駅を使った保存施設ができた。しかし、この野上電気鉄道は廃線跡が一部整備されただけとなっている。

北山駅は、全線一一・四キロの中間付近にあった。一見モダンに見えるが、よく見ると後方は明らかに木造建物だ。出入口部分だけ木造モルタルで、後付けで建てられたように見える。その出入口までの歩道にある木製柵は、自転車を駅前に停めさせせないためのものだろう。しかしその柵も、高原のお洒落な牧草地のそれを思い浮かべて、やはりモダンに見えてしまう不思議な駅だった。

周囲には、自転車と原付がかなり適当に置いてあり、日常の足としてこの鉄道が使われていたことが感じられる。ただし、その人々は通勤・通学利用なのだろう。私が行った昼下がりの時間には誰もおらず、ホームのベンチにお年寄りが一人座って、やがてやってくる電車をのんびりと待っているばかりだった。

なぜかモダンに見えた、北山駅
（1980年10月10日撮影）

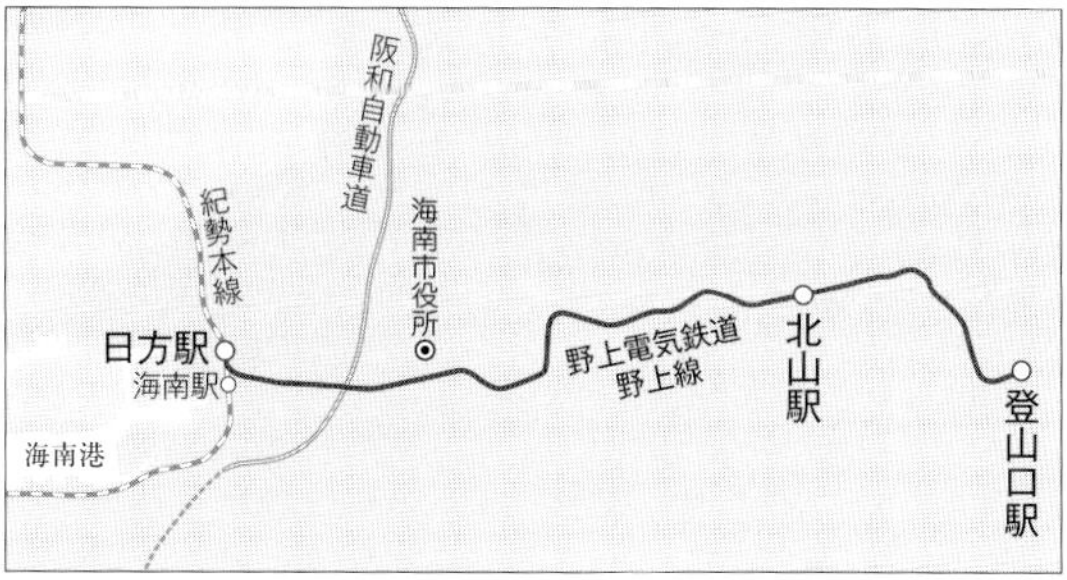

# 別《べ》府《ふ》港《こう》駅

●別府鉄道野口線・土山線
●野口〜別府港〜土山七・八キロ
●兵庫県加古川市
●一九八四年二月一日廃止

別府《べふ》鉄道は、漢字をみると大分県にあるかに思えるが、兵庫県にあった鉄道だ。車庫のある別府港駅を起点に、線路は東西二手に分かれていた。山陽本線土山《つちやま》駅に向かう土山線と、いまは廃止された国鉄高砂《たかさご》線の野口駅に向かう野口線だ。

土山線の列車は、長く連なった貨車の別府港駅側に、木製の二軸客車が一両だけ連結されている混合列車だった。その土山線の列車が別府港駅に入線してきたときに撮ったものがこれだ。

列車を迎える駅員の横を、積み荷を持ってホームに向かう駅員もいる。生憎《あいにく》の雨天で、ホームには屋根がないため、二人とも雨に濡れている。荷物をもった駅員は合羽《かっぱ》を着ていないのに、荷物のために傘も差せない様子だ。この日は風も強かったので、そのためかもしれない。

このあと入換作業が終わった列車で土山に向かうのだが、発車直前になってもホームに入線してこない。駅員に聞いたら、「あっ、どうぞ乗って下さい」とのこと。その列車はホームから線路二本ほど先の構内に停まっている。致し方なく、線路を注意深く横断して、地上から客車に乗り込んだのだが、どうやらそれで良かったようだ。

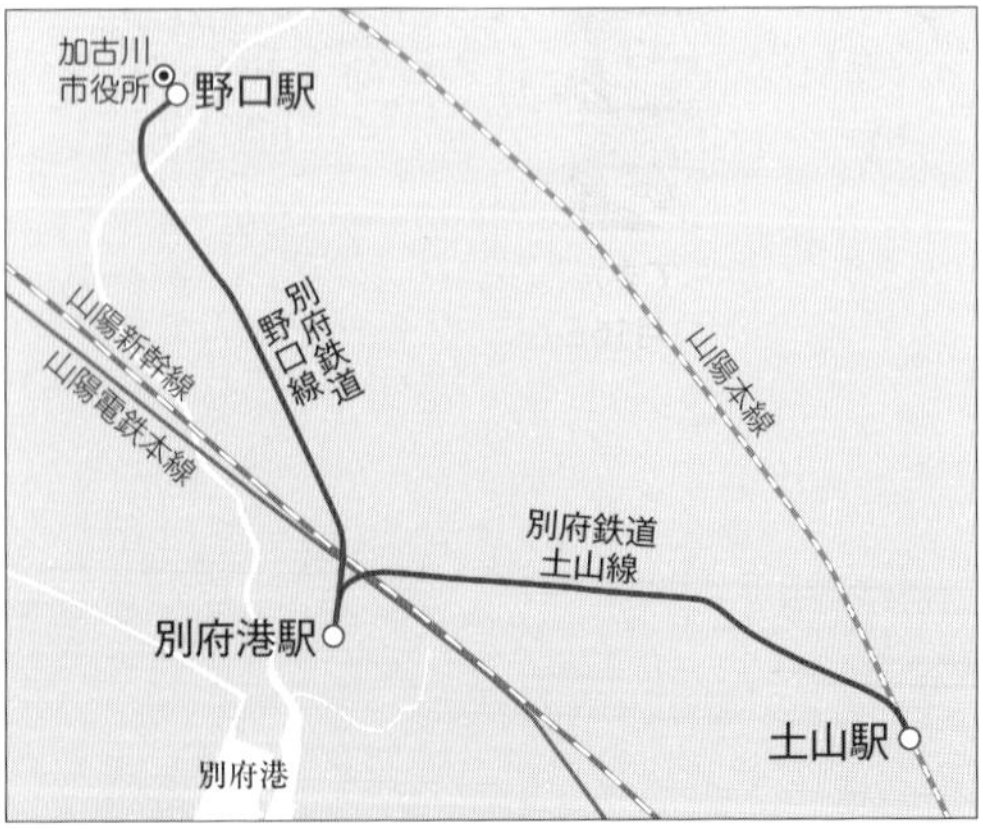

別府港駅に入線してきた土山線の混合列車。ホーム右に貨車、左奥には貨車の廃車体を利用した倉庫も見られる（1977年11月16日撮影）

# 琴《きん》海《かい》駅

●下津井電鉄下津井線
●下津井〜児島六・三キロ
●岡山県倉敷市
●一九九一年一月一日廃止

琴海《きんかい》駅の木造駅舎から伸びてきた緩やかな坂道は、あと一歩で地上というところで木製階段となっている。駅前の道は、車一台がやっと通れるような道幅だった。

下津井電鉄は、岡山県南部にある児島駅から、景勝地・鷲羽山を経て、瀬戸内海に面した下津井駅に至る路線だった。かつては国鉄の茶屋町駅からの路線だったが、茶屋町〜児島間は先に廃止していた。

いまではJR瀬戸大橋線が開通してJR児島駅ができたが、当時はバスで児島までアクセスする必要があった。これではさすがに長続きせず、瀬戸大橋線の開業で起死回生が期待されたものの結果は芳しくなく、その後わずか二年半あまりで廃止された。

レールとレールの幅（軌間）が七六二ミリの狭軌線（ナローゲージ）で、新幹線の一四七二ミリに比べると約半分、JR在来線の一〇六七ミリに比べても七割程度という軽便鉄道だった。

機関車が「しゃっきん、しゃっきん（借金）」という音を立てて走ると言われるほど、創業時から経営が厳しい鉄道だった。しかし、訪問者にとっては、ついのんびり長居してしまうような、魅力たっぷりの鉄道だった。

駅前とはいえ、バリアフリーとは無縁の階段があった琴海駅

駅では、のんびりと煙草をくゆらせて電車を待つ老人の姿があった（ともに1979年11月3日撮影）

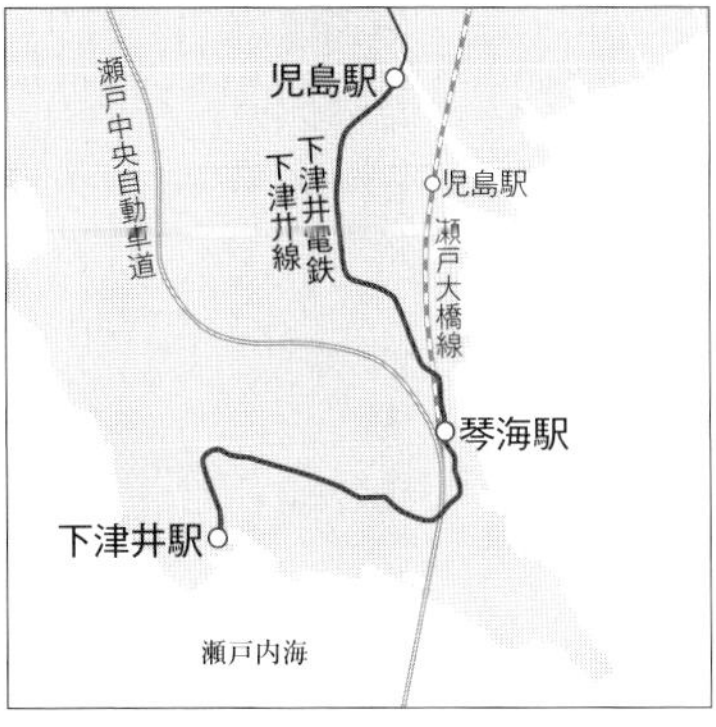

# 室木駅

●国鉄室木線
●遠賀川〜室木 一一・二キロ
●福岡県鞍手郡
●一九八五年四月一日廃止

国鉄室木《むろき》線は、北九州市の西に隣接する遠賀町にある鹿児島本線遠賀川《おんががわ》駅から分岐して室木駅まで、ほぼ真っ直ぐに南下する盲腸線だった。朝に二往復半、午後に三往復半の列車があったが、すべて客車列車だった。

乗った客車は、これでもかというほど大きく車体をローリングさせつつ、ゆっくりと進んだ。その揺れは、鉄道車両というより、まるで船に乗っているような感じだった。

終点の室木駅に着くと、先頭の機関車が機回しをして、折り返し先頭になる編成反対側に連結される。その間に乗客が乗り込むが、なかに赤子を背負ったお母さんもいた。近年の駅では、ほぼ見かけることがなくなった光景だ。

機関車には連結手がいて、旗を振っている。まだ春先で肌寒いので、機関車からは蒸気発生装置（ＳＧ）で作った蒸気が勢いよく噴き出している。まもなく連結が終わると、この蒸気を使って客車の暖房を再開する。

その頃、夕暮れ迫る駅前には、三々五々と乗客がやってくる。立ち止まっている人は、いまの列車に乗ってきて、迎えを待っているのだろうか。何気ない光景だったが、いま思うと、映画のワンシーンのような光景が、目の前で当たり前のように繰り広げられていたのだ。

堂々とした木造駅舎には、夕方になって電気が灯された（ともに1980年3月5日撮影）

発車を待つ客車。乗客が乗り込み、機関車が折り返しの先頭部に連結される

# 菊池駅

●熊本電気鉄道菊池線
●御代志～菊池 一三・五キロ
●熊本県菊池市
●一九八六年二月一六日廃止

熊本電気鉄道はいま、御代志《みよし》駅が北の終点となっている。しかし、かつては同駅からひと山越した先にある温泉地・菊池までの路線だった。

その菊池駅は、木造駅舎を改造してモルタル造りに見せる、高度経済成長期を中心にはやった外観となっていた。それも今となっては懐かしいが、そこに掲げられている看板は、駅前広場に掲げられている看板とともに、なんとも賑《にぎ》やかだった。

ちょうど下校時間だったようで、駅舎内では高校生たちが改札待ちをし、駅前には客待ちタクシーの列ができている。賑やかに栄える町として印象に残った。

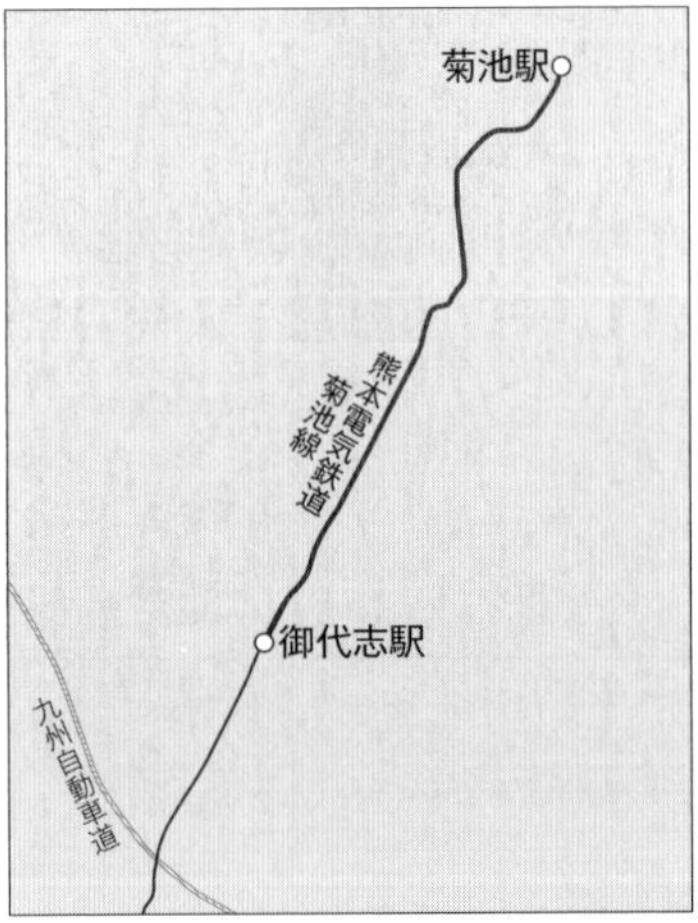


ところが、熊本市内では混雑していた電車が、いま終点となっている御代志駅あたりから空きはじめ、泗《し》水《すい》駅でさらに乗客が減り、菊池駅に着く頃には数えるほどの人数となった。また、ほぼ並行する国道を走るバスがあり、熊本の繁華街に直通する便利さで沿線住民に支持されていた。

それだけに、この賑わいを写した六年後に廃止の報を聞いたときも、残念なが

所狭しと掲げられた宣伝看板が賑やかで、活気ある風に見えた菊池駅（1980年3月11日撮影）

ら致し方ないのかと思わざるをえなかった。

88

# 加世田《かせだ》駅

●鹿児島交通枕崎線
●伊集院〜枕崎四九・六キロ
●鹿児島県南さつま市
●一九八四年三月一八日廃止

鹿児島交通は、鹿児島県の薩摩半島西岸を南北に縦走していた鉄道だ。

全線非電化単線で、中間よりやや南に位置する加世田駅が拠点となっていた。その加世田《かせだ》駅にいたところ、木製の改札口に子供が遊びに来た。その子の視線の先には、ホームに停車しているディーゼルカーがある。かつて駅に行くと、よく見かけた光景だが、少子化とともに地方では鉄道を使わなくなり、近年ではめっきり見かけなくなった光景でもある。

停まっているのは、先頭部が丸まった国鉄キハ07形と同型の自社発注車キハ100形。なかでも珍しい郵便荷物車キユニ101という、旅客扱いをしない郵便荷物専用車だ。その右に連結されているのが、旅客用ディーゼルカーのキハ100形だ。

この二両編成での運転は、総括制御ができないため、一両に一人ずつ運転士が乗務して、警笛で合図をしな

有人駅の木製改札口で車両を眺める子供の姿は、今となっては懐かしい（1978年8月21日撮影）

がら加減速をするという運転方式だった。それも、クラッチを使ってギアチェンジをしていくマニュアル車だったので、運転席の後ろでその様子を見ているだけで楽しくなったものだ。

改札口の子供は、それと知って眺めていたわけではなかろうが。

# 美濃福岡駅

- 北恵那鉄道北恵那鉄道線
- 中津町〜下付知二二・一キロ
- 岐阜県中津川市
- 一九七八年九月一九日廃止

北恵《きたえ》那《な》鉄道は、その末期にかろうじて訪問できた印象深い鉄道だ。

この写真は、路線途中の交換駅である美濃福岡駅で、夕方の一本目を写して、二本目を待つあいだに写した。

有害図書を家庭に持ち込まないための「白いポスト」に、出入口上にある地元商店の手書き看板は、かつてよく見かけたものだ。しかし、開き戸の出入口を三角形にして止めてあるのは、他で見た記憶がないこの駅独特のものと思う。

さらに、出入口の先の壁には伝言板が掲げられている。携帯電話がなかった時代に、待ちあわせの場に表れない人に自分の都合を知らせるのに重宝したものだ。これまた、いまも残っているところはほとんどない。

# あとがきに代えて……今はなき駅たち

本書の後半では、いまや廃止されてしまった一四の駅を紹介しています。昭和末期の一九七七（昭和五二）年から一九八四（昭和五九）年までに撮影した写真です。筆者が十代後半から二十代半ばにかけて撮ったものですが、モノクロフィルムをスキャンしていると、当時の様子をありありと思い出しました。

当時、写真を写すとフィルム代と現像代が必要でしたから、お金がない若造には大きな負担でした。当時のことなので、百フィート巻と呼ばれる長巻フィルムを買ってきて、暗箱の中で三六枚撮りの長さに切ってパトローネ（フィルムの入れ物）に収めては撮影に出かけていました。撮影から帰ると、写してきたフィルムを自分で現像します。少しでもお金を節約するためにとやっていたことですが、当時としては珍しいことではありませんでした。それだけに、粒子が粗かったり、現像不足があったり、埃が付いていたりします。

改めて当時のネガを確認すると、趣味で撮影を始めた高校時代には、目的の車両だけしか撮っていません。ところが、大学生になった昭和五二年頃から、駅の写真も撮るようになっています。それだけ、当時も駅に魅力を感じていたことがわかります。それらの写真には、ご覧のとおり今の駅には感じられない不思議な魅力が写り込んでいます。その魅力に取り憑かれて、駅にもレンズを向けていたのでしょう。

デジタルカメラ全盛の今なら、思いつくまま数多くの写真を撮っていることでしょう。しかし、わずかな小遣いを気にしつつ、丁寧に一枚一枚撮っていたからこそ撮れた写真なのかもしれません。

いま楽しむことができる駅たちとともに、古《いにしえ》の駅たちも楽しんでいただけたならば、筆者として光栄至極です。

末筆ながら、本書の企画を快く引きうけて下さり、本文からこのあとがきまで、折々に的確なアドヴァイスをしてくださった堂本誠二さんに感謝の意を表して、本書の締めくくりといたします。ありがとうございました。

二〇一七年十一月

伊藤博康


●参考文献

『鉄道要覧』（国土交通省監修、電気車研究会）
『時刻表』（日本交通公社）
『ＪＴＢ時刻表』（ＪＴＢパブリッシング）
『鉄道ファンのための私鉄史研究資料』（和久田康雄著、電気車研究会、二〇一四年）
奈良市総合観光案内所提供資料
各社公式サイト
各自治体公式サイト
文化庁国指定文化財データベース
鉄道歴史地図　http://rail.crap.jp/
鉄道フォーラム過去ログ

〈著者紹介〉
伊藤博康（いとう・ひろやす）
1958年愛知県犬山市生まれ、在住。㈲鉄道フォーラム代表。10年間のサラリーマン生活を経て、勃興期だったパソコン通信のNIFTY-Serve鉄道フォーラムで独立。インターネット時代となり、@niftyのフォーラム事業撤退を受けて、独自サーバで「鉄道フォーラム」のサービスを継続し、現在に至る。ネット上で日本旅行「汽車旅コラム」、中日新聞プラス「達人に訊け！」の連載コラムを担当し、東洋経済オンライン「鉄道最前線」でも執筆中。鉄道月刊誌にも執筆・写真提供をしている。
著書：『ダイナープレヤデスの輝き』『日本の鉄道 ナンバーワン＆オンリーワン』（いずれも創元社）、『日本の“珍々”踏切』（東邦出版）、『鉄道名所の事典』（東京堂出版）ほか多数。

えきたの
駅《えき》を楽《たの》しむ〈アート編《へん》〉

2017年12月20日　第1版第1刷発行

著　者…………
伊　藤　博　康
発行者…………
矢　部　敬　一
発行所…………
株式会社 創　元　社
http://www.sogensha.co.jp/
本社　〒541-0047 大阪市中央区淡路町4-3-6
Tel.06-6231-9010　Fax.06-6233-3111
東京支店　〒162-0825 東京都新宿区神楽坂4-3 煉瓦塔ビル
Tel.03 3269-1051
印刷所…………
図書印刷株式会社


ISBN978-4-422-24076-3 C0065